오늘도 행복을 선택하시길

석민진

달콤한 하루

베이킹과 함께 하는
초긍정 육아 에세이

달콤한 하루

석민진 지음

도서
출판 프리뷰

달콤한 하루를
맛있게 구울 시간

블로그에 나의 소소한 일상을 기록해 온 지 햇수로 10년이 더 넘었다. 거의 매일 무언가를 끄적였는데, 지나가다 발견한 예쁜 꽃이나 신기한 곤충 사진을 올리기도 하고, 여행지에 대한 글과 사진을 올릴 때도 있었다. 만들어 먹은 음식과 레시피도 지나간 세월만큼 수북이 쌓였다. 사람을 만나면서 즐거웠던 추억, 아이를 키우면서 있었던 에피소드들, 커가는 아이들을 보며 느낀 감정과 생각들도 적었다. 나는 알지만 다른 사람은 모를 수 있는 생활의 유용한 팁을 적기도 했다.

이왕이면 블로그에 올려도 괜찮을 만큼의 퀄리티 있는 사진을 찍으려고 애쓰며 음식을 만들고, 집을 정리하고, 열심히 돌아다녔다. 블로그를 하면서 레시피와 관련된 질문 외에 가장 많이 받는 질문 중 하나가

'어떻게 하면 미국이라는 재미없는 나라에서 그렇게 재미있게 살 수 있나요?'였다. 그건 '무조건 행복을 선택하기'로 결심한 후 삶을 보는 관점과 살아가는 태도가 달라졌기 때문에 가능했지, 나도 처음부터 늘 즐거운 인생을 산 건 아니다.

살면서 우리에게 일어나는 일을 우리가 '선택'할 수는 없다. 하지만 이에 대응하는 우리의 태도는 선택할 수 있다는 것을 알게 되었다. 그리고 이 선택에 따라 내 인생이 바뀐다는 사실도 알게 되었다. 그래서 10년 전의 나와 20년 전의 나는 지금의 나와 같으면서도 너무나 다르다. 무언가를 잘하고 싶은 욕심은 여전하지만 남을 의식하거나 비교하지는 않게 되었다. 남과의 비교를 멈추니 오로지 어제의 나보다 더 나은 오늘의 나에게 집중할 수 있게 되었고, 그런 나를 더 사랑하게 되었다. 나밖에 모르는 철부지였는데, 아이 셋을 키우면서 내 아이, 옆집 아이를 넘어 세상 모든 아이들의 건강과 행복을 바라는 행복 바라기가 되었다.

라면 하나도 제대로 못 끓이는 '요린이'(요리 어린이)였는데 푸드 칼럼니스트, 케이크 디자이너, 파티시에Patissier라는 직함이 어색하지 않은 요리 전문가가 되었다. 정리와 청소에는 관심도 재능도 없던, 귀신 나올 것 같은 방의 주인공이 어느새 깔끔한 수납법을 소개하는 정리 전문가가 되었다. 그것 말고도 나는 매일 조금씩 더 나은 사람이 되어가고 있고, 이런 변화가 참 좋다.

기본 재료와 정확한 레시피가 있어야 맛있는 요리가 완성되듯이 일상에서도 기본 체력과 올바른 삶의 지침이 있어야 내가 원하는 삶을 꾸려 갈 수 있다. 어떻게 하면 어제보다 더 좋은 하루를 보낼 수 있을지 끊임없이 고민하고 더 괜찮은 선택을 하기 위해 애쓰며 살았다. 그러다 보니 우리 인생도 인생 선배들의 좋은 레시피를 따라 하면 성공 확률이 높아진다는 사실을 깨닫게 되었다.

이 책을 통해 많은 분들이 삶을 좀 더 재미있게, 행복하게 사는 법을 발견할 수 있다면, 책에 소개된 레시피 가운데서 단 한 개의 인생 레시피라도 건질 수 있으면 좋겠다. 그러면 아이들 잘 때 밤에 몰래 노트북을 열고 숨죽인 채 한 글자 한 글자 타이핑해 내려간 저자로서 더 바랄 게 없을 것 같다.

달콤한 하루를 맛있게 구울 준비가 되셨나요?

드릉드릉~마음의 예열 버튼 누르고, 출발!

글 싣는 순서

Chapter 01
행복한 가정을 위한 기본 재료

아이를 위한 행복 레시피

Chapter 03

아이도 엄마도 즐거운 육아 레시피

Chapter 04

엄마를 위한 성장 레시피

Chapter 05

달콤한 오늘을 위한 인생 레시피

행복한 가정을 위한
기본 재료

있는 그대로
사랑하기

　　우리 부부가 결혼한 해에, 미국의 유명 팝 가수 브루노 마스Bruno Mars가 발표한 싱글 앨범에 'Just the way you are'라는 노래가 수록되어 있다. 매일 들어도 질리지 않을 만큼 그의 목소리와 노래가 좋았다. 특히 'Just the way you are'는 일을 하다가도 노래가 나오면 멈추고 같이 따라 부를 만큼 좋아했는데 듣고 있으면 온몸이 간질간질해지는 달콤한 노래다.

　　남자친구가 여자친구에게 들려주는 것 같은 내용의 가사는 "그녀의 눈은 별들의 빛이 바래 보일 정도로 반짝이고, 머리카락은 완벽하게 찰랑거리고, 너무 아름답다고 매일 말해주어도 그녀가 믿지 않아 슬프다. 당신이 미소 지으면 온 세상이 멈춰서 한동안 바라볼 정도라고, 당신은 그 모습 그대로 굉장하다."고 노래한다. 신혼 초라 노랫말이 더 와 닿았는지 모른다.

　　이 노래를 듣고 "어? 내 남자친구가 이런데? 평생 이럴 것 같은데?"

라고 느낀다면 당신이 찾던 그 사람일 확률이 높다. 매일매일 나에게 아름답다고 이야기해주고, 얼굴을 볼 때마다 있는 그대로 완벽하다고 말해주는 사람, 당신이 미소 지으면 온 세상이 잠시 멈춰 그 미소에 화답한다고 해줄 수 있는 사람, 존재 자체로 사랑스럽고 멋지다고 말해줄 수 있는 사람, 아니 진정으로 그렇게 느끼게 해주는 사람 말이다.

결혼하고 아이 셋을 낳다 보니 몸도 얼굴도 예전 같지 않지만, 여전히 눈에 콩깍지가 벗겨지지 않은 남편은 내가 아름답다고 매일 말해준다. 남편이 나를 그렇게 생각하는 것 같다는 서로에 대한 애정 어린 시선과 믿음은 조금 서운한 일이 있어도, 힘든 일이 있어도 툴툴 털고 같이 걸어 나가게 하는 데 큰 힘이 된다.

그는 언제나 나의 모습 그대로를 인정하고 사랑해줬다. 반면에 욕심이 많은 나는 남편의 좋은 점만을 보지 못하고, 개선되었으면 하는 부분을 들여다보았다. 살을 좀 뺐으면 좋겠고, 주말이면 아이들과 밖으로 나가서 놀았으면 좋겠고, 양말은 아무 데나 벗어놓지 않았으면 좋겠고 등의 작은 불만들이 쌓이고, 이를 겉으로 드러냈다. 하지만 시간이 지나며 내가 아무리 잔소리를 늘어놓아도 남편을 변화시킬 수 없다는 사실을 알게 되었다. 있는 그대로의 그를 사랑하는 것이 나와 우리 부부를 위해서 좋다는 결론을 내린 후로는 마음이 편안해졌다.

내가 사랑하는 그 사람, 바꾸려 하지 말고(아무리 애써도 바뀌는 않을 테니) 있는 그대로 사랑하기를! 왜냐하면 그 모습 그대로 굉장하니까!

취미가 달라도
취향이 달라도 괜찮아

우리 부부는 취미와 여가를 보내는 방법이 서로 제각각이다. 남편은 시간이 나면 소파에 세상 편한 자세로 앉아서 감자 칩을 먹으며 좀비 영화를 보거나, 좀비를 죽이는 게임을 한다.(전반적으로 좀비를 매우 좋아한다) 그리고 나는 시간이 나면 책을 읽거나 부엌에서 꼼지락거리며 무언가를 만들고, 아니면 블로그에 글을 쓴다.

아이 교육을 위해서라도 아이들의 아빠이자 나의 남편이 영화를 보거나 게임을 하는 모습을 아이에게 보여주는 대신 늘 책을 가까이하는 모습을 보여줬으면 하는 게 솔직한 바람이다. 하지만 이 말을 한 번도 남편에게 한 적이 없다. 내가 남편의 엄마도 아니고, 다 큰 성인한테 이 래라저래라 할 수는 없으니까.

그래서 우리 집 아이들은 책을 읽고 싶을 때는 내 옆에 앉아 같이 읽고, 영화를 보고 싶거나 하고 싶은 게임이 있으면 아빠한테 이야기해서 같이 한다. 남편이 아이들과 비디오 게임을 하는 모습을 보면 내가 해주지 못하는 부분을 대신 해주니 고맙고 안심도 된다. 내가 게임을 부정적으로 봐서 그렇지, 좋은 게임은 전략도 잘 세워야 하고, 두뇌 훈련에 도움이 되는 경우가 많다. 적절하게 맺고 끊기를 할 수만 있다면 TV나 게임도 무조건 막는 것보다는 즐길 수 있게 해주는 게 좋은 것 같다.

부부 사이에서도 그렇고 아이들에게도 마찬가지이다. 내 눈에는 하나도 재미없어 보이는 일이 아이에게는 엄청 재미있을 수 있다. 그렇게 아이도 자기가 좋아하는 방식으로 쉬는 법을 찾아 나가는 중일 것이다. 나는 각자 좋아하는 일을 하면서 같은 공간에 있는 것을 좋아한다. 내가 독서등을 켜고 책을 읽을 때 남편은 옆에서 태블릿에 헤드폰을 연결해서 쓰고 영화를 본다. 내가 부엌에서 케이크를 만들 때 남편은 식탁에서 게임을 한다. 그래도 '같이' 하루를 즐겁게 보낸다.

나는 치약을 쓸 때 중간 부분을 꾹 눌러 짠다. 반면 남편은 치약 밑부분을 꼭꼭 접어 말아 올리며 쓴다. 그래서 남편이 치약을 쓰고 나면 마치 잘 개어 놓은 셔츠처럼 반듯해 보이는데, 내가 치약을 쓰고 나면 허리 부분을 눌러서 쭈글쭈글 엉망이다. 그렇게 치약을 짜면 묘한 쾌감까지 느껴진다. 그런데 지난 10년간 남편이 나에게 치약을 왜 이렇게 사용하는지 물어본 적이 단 한번도 없다는 것을 깨달았다. 그냥 각자 편한 방식대로 써 온 거다. 그리고 앞으로도 그럴 것이고. 사람이 미워지면 이런 작은 부분부터 거슬릴 것이다. 그저 쉬는 방식이 다르고, 치약을 짜는 취향이 서로 다른 것뿐이다. 작은 문제로 서로 아웅다웅하지 않았으면 좋겠다. 🐚

바꿀 수 있는 것과
바꿀 수 없는 것

마음에 담아두면 좋은 명언이나 시 구절을 눈에 자주 띄는 곳에 붙여놓으면 마음을 평안하게 하거나 용기를 얻는 데 도움이 된다. 나는 예전부터 책상 앞이나 화장실 거울에 읽으면 힘이 나고 스스로에게 계속해주고 싶은 말을 종이에 적어서 덕지덕지 붙여놓곤 했다.(요즘은 조금 깔끔해져서 여기저기 붙여 놓는 대신 책상 앞에 한 장, 화장실 거울에 한 장, 냉장고 문에 두 장으로 가짓수를 줄였다) 붙여놓은 문구보다 더 좋은 내용을 발견하면 바꿔 붙인다. 바꾸지 않고 화장실 거울에 계속 붙여놓은 문구가 있는데 바로 신학자 라인홀트 니버Karl Paul Reinhold Niebuhr가 쓴 '평온을 비는 기도'Serenity Prayer이다. 화장실 거울에 붙여두면 매일 양치할 때마다 읽을 수 있어서 좋다.

어디서 한 번쯤은 들어봤을 법한 유명한 기도문이다.

God, give us grace to accept with serenity the things that cannot be changed, courage to change the things that should be changed, and the wisdom to distinguish the one from the other.

(주여, 우리에게 우리가 바꿀 수 없는 일을 평온한 마음으로 받아들이는 온화함과 바꿔야 할 일을 바꾸는 용기, 그리고 이 둘을 분별하는 지혜를 허락하소서.)

매일 일어나는 크고 작은 일에 대처할 때 이 기도문을 떠올리면 신기할 정도로 마음이 차분해지면서 무엇을 해야 할지 알게 되는 경우가 많다. 내가 바꿀 수 없는 것이라면 이를 평온하게 받아들이고, 바꿔야 할 것이라면 어떻게든 바꾸려는 용기를 가지고 바꿔보자고. 그리고 가장 중요한 것은 이 둘을 분별할 수 있는 혜안을 갖추게 해달라고. 그런 혜안을 갖춘 사람이 되기 위해 오늘 하루도 잘 살아보자고 나에게 지속적인 응원의 메시지를 보내는 것이다.

결혼하고 아이를 키우면서 느끼고 깨닫게 된 삶의 이치가 많지만 그중 으뜸은 '이 세상에 내가 변화시킬 수 있는 게 있다면 그것은 오직 나 자신뿐'이라는 것이다. 배우자를 바꿔보려고 갖은 수를 써보고, 아이를 바꿔보려고 애써 보지만 어디 그게 말처럼 쉽게 되던가? 그리고 나를 돌아본다. 내가 원하는 모습의 내가 되기 위해 지금 내가 가진 나쁜 습관을 버리고 좋은 습관만을 가진 나로 변화시키기가 과연 쉬운가? '운동을 하루에 최소한 삼십 분 해야지.' 라던가 '손톱을 물어뜯지 말아야지.' 와 같은 나 스스로 한 아주 작은 결심도 제대로 못 지킨다. 그러면서 내가 아닌 남에게 "이렇게 해라, 저렇게 해라."라고 잔소리를 늘어놓는다고 그 사람이 변화될까?

누군가를 변화시키고 싶은 마음이 들 때마다 스스로 말한다. 누구를 변화시키려고 하지 말고 어제보다 한 뼘 더 성장하는 나를 위해, 그 사람과의 더 좋은 관계를 위해, 지금보다 더 깨끗한 지구를 위해 내가 오늘부터 할 수 있는 일이 무엇인지를 찾고 그 일을 행하는 것 외에 내가 할 수 있는 일은 없다고. 남을 변화시키려고 애쓰는 일 말고도 할 일이 넘치도록 많다.

누군가에게 묻지도 않은 조언을 해주고 싶은 욕구가 스멀스멀 올라올 때마다 나에게 조용히 말한다. "나나 잘하자!"라고.

The second half of a man's life is made up of
nothing but the habits he has acquired during the first half.
– Fyodor Dostoevsky –

인생에서 두 번째 반평생은
첫 번째 반평생에서 생긴 습관으로 구성될 뿐이다.
– 표도르 도스토옙스키 | 러시아의 소설가 –

비슷하게라도
아파봐야 공감한다

　　　　　　　　　　아픈 사람의 마음을 가장 잘 알아주는 사람은 누구일까? 바로 같은 증상으로 아파본 사람이다. 아무리 건강한 사람이라도 살면서 감기 한 번쯤은 걸려본 경험이 있을 테고, 종이에 살짝 베였거나 넘어지고 긁혀서 피부가 벗겨지고 딱지가 앉고 다시 새살이 돋는 경험은 해봤을 것이다. 그렇기에 가족 중 누군가 감기에 걸리면 충분히 휴식을 취할 수 있도록 배려해주고, 아이가 뛰다가 넘어져서 무릎에 피가 나면 다친 부위에 약을 바르고 일회용 밴드를 붙여주며 말해준다. "금방 새살이 나올 거야." 경험에서 나오는 확신의 소리이다.

　　하지만 가까운 누군가가 내가 한 번도 경험해보지 못한 질병이나 상처를 입게 된다면? 그리고 그 누군가가 바로 내 심장을 떼어 내어주어도 아깝지 않은 사랑하는 나의 자식이라면?

　　우리 집 막둥이는 생후 5개월 즈음부터 피부가 건조해지며, 접히는

21

부분이 빨갛게 되는 아토피 증상을 보이기 시작했다. 소아청소년과에 가서 물어보니 아토피 초기 증세인 것 같다고 했다. 피부가 건조해져서 가렵지 않도록 보습에 신경을 써주는 것 외에는 딱히 해줄 수 있는 게 없다며 약한 스테로이드 연고를 처방해주었다. 연고를 바르고, 보습과 아토피성 피부에 좋다는 로션이라는 로션은 다 구해서 발라주었다. 아이가 가려워서 손으로 목과 다리 부분을 긁는 모습을 보면 '아, 가려운가 보다!' 하고 얼른 로션을 발라주는 식이었다. 나는 살면서 아토피라는 것도 가려움 증상도 겪어보지 못했기 때문에 잠을 자다가 가려워서 다시 잠 못 드는 고통이 어떤 것인지, 아무리 긁어도 해소되지 않는 가려움증이 어떤 고통인지 가늠할 수가 없었다.

그러던 어느 날, 코로나19 백신 2차 접종을 마친 일주일 후부터 원인을 알지 못하는 심각한 가려움증에 시달리게 되었다. 두피까지 가려워서 도저히 밤잠을 잘 수 없는 날들이 이어졌다. 알레르기 전문의도 찾아가 보았지만 의사들은 "원인 모를 무언가에 대한 알레르기 반응"이고, 항히스타민제를 매일 복용하라는 말만 반복했다. 약을 먹으면 활동을 많이 하는 낮 동안에는 가려움증을 잊고 있다가 밤만 되면 가려움증이 스멀스멀 올라와서 고생했다.

가려움증으로 고통받으며 아이가 아토피로 그동안 얼마나 힘들었을지 조금은 가늠할 수 있었다. 그리고 그때부터 아이가 가려워 긁기 전에도 계속 피부를 체크하며 보습 로션을 발라주었다. 가려워서 심하게 긁으면 내 경우에 가장 큰 도움이 되었던 얼음팩을 해주니 좋아지는 게 눈에 보였다.

내가 아파보니 '비슷하게라도 아파봐야 공감이 가능하겠다'는 생각이 들었다. 한 번도 실연을 당해보지 않은 사람은 실연당한 사람의 마음을 보듬어주기가 쉽지 않다. 한 번도 넘어져본 적이 없는 사람은 넘어진 사람의 아픔을 느끼기 힘들지 모른다.

지금 내가 어떤 일 때문에 몸이 힘들거나 마음이 아프면, 반드시 이겨내서 다음에 나의 가까운 누군가가 비슷한 일로 고통받을 때 도움을 주겠다는 생각으로 위안을 삼으면 어떨까? 자꾸 입 밖으로 '힘들다, 힘들다.' 하면 더 힘들고, '아프다, 아프다.' 하면 더 아픈게 우리의 삶이다.

When we are no longer able to change a situation,
we are challenged to change ourselves.

– Viktor E. Frankl –

상황을 바꾸는 것이 더 이상 불가능할 때
우리는 스스로를 변화시켜야 한다.

– 빅터 프랭클 | 오스트리아 신경학자 –

행복은 굴 속에
있지 않아

미국에 이주해 온 그해 겨울, 해산물 레스토랑에 식사하러 간 적이 있다. 겨울에는 생굴을 자주 사 먹는데 이날도 에피타이저로 생굴을 주문했다. 칵테일 소스에 호스래디시 Horseradish, 서양고추냉이를 듬뿍 넣고 생굴에 올려 호로록 먹다가 입안에서 이물감이 느껴져서 뱉어보니 동그랗고 예쁜 진주 한 알이 또르르 굴러 나오는 것이 아닌가?

조개나 굴이 진주를 품고 있을 수 있다는 것은 알았지만, 식당에서 음식을 먹다 그 속에서 진주가 나올 줄이야! 너무 신기하고 기분이 좋아서 이날 와인을 과하게 마셨고, 집으로 돌아오는 길에는 진주를 발견한 나를 축하해주는 것처럼 예쁜 눈이 펑펑 쏟아져 내렸다. 차 안에서도 코트 안주머니에 손을 넣어 아까 찾은 보물을 만지작거리며 기분 좋게 왔다. 집 앞에서 내리는 눈이 너무 예뻐 잠시 눈 속에서 뛰어놀았다.(와

인을 과하게 마신 탓이리라)

　그런데 집에 와서 식당에서 찾은 보물을 다시 꺼내어보려고 주머니에 손을 넣은 순간, 술이 확 깼다. "진주를 잃어버렸다!" 좋다고 눈 속에서 팔짝팔짝 뛰어다니다가 주머니에서 떨어졌나보다. 눈이 많이 오는 깜깜한 밤에 잃어버린 진주를 찾겠다고 나갈 수도 없는 노릇이고 김이 확 새어 버렸다.

　'행복'에 관해서 생각하면 이때의 진주 한 알이 자동으로 떠오른다. 기분 좋은 상태에서 레스토랑에 간 것이기에 진주가 나오지 않았더라도 맛있게 식사하고 집에 와도 그 기분 좋은 상태가 유지되었을 터였다. 뜻밖에 횡재한 진주 탓에 과하게 흥분해서 평소보다 와인도 더 마시고 신나게 뛰어놀다가 그걸 잃어버린 후에 허탈감을 느꼈다. 진주는 원래 자연의 것인데, 잠시 내 것이라고 호들갑을 떨다가 잃어버렸다고 하는 표현이 과연 옳을까. 진주가 내 손에 있건 말건 그게 뭐라고. 그 작은 알맹이 하나 때문에 행복감을 극도로 느꼈다가 마는 이 마음은 또 얼마나 어리석은 것인가.

　진주가 로또는 아니지만, 만일 로또에 당첨되어 그 복권을 주머니에 넣고 집에 뛰어오다가 잃어버렸다면? 아마 그 사람은 가졌다고 생각했다가 잃어버린 그 종잇조각 때문에 이전보다 훨씬 더 자신을 불행하다고 느낄 것이다. 사람은 심리적으로 어떤 것을 잃었을 때 느끼는 고통이 그걸 얻었을 때 느끼는 행복감보다 더 크다는 실험 결과가 있다고 한다.

솔직히 지금도 껍질째 있는 생굴만 보면 10년 전 진주를 찾았던 때가 저절로 떠올라 은근한 기대감이 올라오는 것을 억누를 수가 없다. 하지만 보물이라는 것은 내 손에 있다가도 사라질 수 있고, 누군가는 운 좋게 일찍 발견할 수도 있고, 또 누군가는 늦게 발견할 수도 있으며, 어떤 이는 영영 발견하지 못할 수도 있을 것이다. '이에 연연하지 않는 삶을 살아야지!'라는 마음가짐을 굴을 마주할 때마다 다잡게 된다.

호들갑 떨 수준의 큰 행복이 아니라, 매일 잔잔한 수준의 행복감을 매 순간 느끼며 사는 게 진정한 행복이리라. 행복은 굴속에 있지 않고, 내 마음속에 자리 잡고 있으므로.

I believe the nicest and sweetest days are not
those on which anything very splendid or wonderful or exciting happens
but just those that bring simple little pleasures,
following one another softly, like pearls slipping off a string.
– <Anne of Green Gables> by L.M. Montgomery –

정말로 행복한 나날이란 멋지고 놀라운 일이
일어나는 날이 아니라, 진주알들이 하나하나 한 줄로 꿰어지듯이
소박하고 자잘한 기쁨이 늘 이어지는 날들인 것 같다.
– 루시 모드 몽고메리 | 『빨강 머리 앤』 중에서 –

짜증낸다고 상황이
바뀌지는 않지만

짜증을 안 내면
상황을 바꿀 수 있다

상황 1

기분 좋은 일요일 아침. 가족 모두 둘러앉아 맛있는 프렌치토
스트를 먹었다. 일요일은 아이들도 원하는 컵으로 주스를 마실
수 있는데, 기다란 샴페인 잔을 고른 아이도 있고 큰 맥주잔을
고른 아이도 있다. 아슬아슬해 보이기는 했지만 그냥 두었다. 아
니나 다를까. 쨍! 하는 소리와 함께 주스가 바닥에 흥건하게 쏟
아졌다. 좋았던 기분은 순식간에 사라지고 짜증이 확 난다. '괜
히 컵을 마음대로 고르라고 했어!' 라고 자책하면서 쏟아진 주스
를 닦아내 보지만 이미 카펫은 축축하고 얼룩이 생겼다.

상황 2

오랜만에 친구와 점심 약속을 잡은 날 아침. 아이가 얼른 학교에 가야 화장도 하고, 옷도 갈아입으며 준비를 할 텐데 이날따라 굼벵이처럼 느리게 움직인다. 얼른 옷 갈아입으라고 열 번은 이야기한 것 같은데 아직도 잠옷 차림이다. 평소에는 재빠르던 아이가 오늘은 왜 이러는지 도통 알 수가 없다. 내 마음이 조급하니까 괜히 또 짜증이 난다.

상황 3

저녁 먹고 설거지하는데 바닥을 마구 기어 다니며 온갖 부엌 서랍을 열어 안에 든 물건을 꺼내는 아기를 주시하느라 정신이 하나도 없다. 내가 바쁘게 설거지하며 아이를 보고 있는 것을 아는지 모르는지 남편은 거실 소파에 느긋하게 앉아 핸드폰을 만지작거리고 있다. 오늘도 밖에서 일하고 오느라 수고했다고 얘기한 것이 불과 한 시간 전인데 갑자기 짜증이 난다.

이렇게 하루에도 수십 번 우리는 짜증이라는 감정과 마주한다. 짜증을 내기는 참 쉽다. 하지만 짜증 낸다고 상황이 바뀌지는 않는다. 그런데 신기하게도 짜증이 날 법한 상황에 짜증을 내지 않으면 상황을 바꿀 수 있다. 어떤 상황에 즉각적인 반응으로 짜증을 내지 말고, 이 상황을 더 나은 상황으로 바꿀 수 있는 방법이 무엇일지 잠시 생각해본다. 아이에게 기다란 주스 컵을 사용할 때는 어떻게 하면 쏟아지지 않을지 알려주고, 아이가 느리게 옷을 입을 때는 너무 다그치지 말고, 느긋한 마음으로 기다려주고, 설거지하는 동안 아이를 봐달라고 남편에게 부탁하거나 아니면 설거지를 해달라고 부탁한다.

짜증부터 내면 비슷한 상황에 또 비슷한 짜증을 내게 되고 상황이 개선되지 않는다. 하지만 짜증을 내는 대신 내가 원하는 것을 갖추기 위해서 오늘 할 수 있는 일이 무엇일까 생각해보고 이를 행한다면 내가 처한 상황을 바꿀 수 있다.

밑져야 본전이니 한번 해보시길. 짜증 날 법한 상황에 짜증 내지 않기! 그러면 마법처럼 상황이 바뀔 것이다. 🐢

Change the way you look at things and the things you look at change.
– Wayne W. Dyer –

당신이 세상을 바라보는 방법을 바꾸면 당신이 보는 세상은 달라질 것이다.
– 웨인 다이어 | 미국의 심리학자 –

까불까불 왕
까불어도 좋으니
아프지만 말아다오

아이가 감기에 걸렸다. 지금까지 크게 아픈 적도 감기에 잘 걸리지도 않던 아이라 자기 몸에서 일어나는 갖가지 불편한 반응에 아주 강렬하게 괴로움을 호소하며 힘들어 한다. 기침을 심하게 해서 밤새 잠을 제대로 못 자고, 이에 대한 연쇄작용으로 낮에 짜증이 늘었다. 목에 까슬까슬한 느낌이 들어서 그런지 그렇게 잘 먹던 아이가 잘 먹지도 않는다.

혹시나 해서 코로나 자가 진단 키트로 검사를 여러 번 했는데 음성이었고, 밤에는 기침이 자주 나고, 등이 가렵다고 자꾸 깨어 울어서 걱정되어 동네에 있는 병원에 갔다. 병원에서 의사 소견으로는 '그냥 일반 감기'란다. 잘 먹고 푹 쉬면 낫는 그런 감기. 큰 병이 아니어서 다행이다.

병원에서 돌아온 후에도 아이는 몸이 불편하다면서 종종 깨어 공중 발차기를 하며, 징징대고 울기도 했는데 이 모습을 보면서 갖가지 생각이 스쳐 지나갔다. 아직 정확히 어디가 아픈지 표현하기 어렵고, 몸이 불편하고 기침도 나니까 막 짜증이 나겠지. 그리고 이걸 딱 네 살 아이답게 온몸으로 표현하는 것뿐이다. 그리고 아이를 내 품에 안아 푹 자고 나면 괜찮아질 거라고 토닥토닥하며 재운다. 중간에 깨어 또 짜증을 한바탕 내면 "몸이 아파서 많이 힘들지~" 하면서 받아 주다가, 나도 잠이 부족하니까 같이 짜증이 올라오려고 하는 걸 애써 누르고 누르며 내 어린 시절을 회상해봤다.

분명 나도 아프면 이렇게 엄마한테 괜히 짜증을 내면서 온몸을 뒤틀었을 텐데, 내 기억 속에 우리 엄마는 이럴 때 나에게 짜증이나 화로 답한 적이 단 한 번도 없다. "엄마가 대신 아팠으면 좋겠다."라는 말을 하며, 나의 그 모든 짜증을 다 받아 주신 거다. 새삼 엄마가 더 존경스러워지는 순간이다. 어떻게 그러셨을까?

그리고, 나 역시 짜증스러운 목소리로 아이에게 "발차기 그만해!"라고 얘기하려다가 다정하게 말을 건넸다. "몸이 아주 불편한 건 알겠는데, 그렇다고 발로 이렇게 차면 엄마가 아파. 어디가 아프다고, 불편하다고 얘기해주면 도와줄게. 말로 표현해 줘."라고 했더니, 아이의 짜증도 조금 가라앉았다. 짜증에 짜증으로 대하면 해결되지 않는다. 육아를 하면서 매일 도를 닦는 기분이다. 🧄

진정한
배려

오랜만에 한국에 가면 공항에서부터 화가 잔뜩 나 있는 사람들 틈 속에 눈치 없이 끼어든 것 같은 기분이 들 때가 있다. 길 가다가 부딪혀도 미안하다는 말 한마디 없이 그냥 지나가기가 일쑤이고, 유리문을 열고 뒷사람을 위해 잡아주지 않아('으레 잡아주겠지!' 생각하고 무심코 통과하려다가) 코가 부딪혀 안 그래도 낮은 코가 부러질 뻔한 적도 있다. 미국에서는 아주 조금이라도 상대에게 불편을 끼치는 행동을 해야 하거나 했다면 바로 "Excuse me" 혹은 "Sorry"라고 한다. 그냥 지나쳐버리는 사람은 거의 없다. 문화적인 차이지만 상대방에게 조금이라도 불편을 끼쳤다면 이에 대해 사과하는 게 좋겠다.

미국에서 아주 많이 사용하는 표현 중에 "Excuse me"(실례합니다)가 있다. 앞에 있는 사람을 추월해서 지나가야 할 상황에서는 조용히 "Excuse me"라고 양해를 구한 다음 그 사람이 살짝 길을 비켜주면 지나간다. 가족끼리 집에 있는 상황에서도 누군가 식사 자리에서 트림하면 그 사람은 "Excuse me"라고 하고, 아이들도 방귀라도 뀌면 어물쩍 넘어가는 게 아니라 "Excuse me"라고 한다. 어쩔 수 없이 나온 생리작용이지만 상대가 불편을 느꼈을 수도 있으니 미안함을 표하는 것이다. 'Excuse me'라는 표현은 이 외에도 많이 사용하는데, 상대방이 한 말을 잘 못 알아들었을 때도 "Excuse me?"(뭐라고 하셨어요?)라고 되묻는다. 누군가의 주의를 끌어야 할 때 큰 소리로 "Excuse me!"라고 하면 '저기요!'라고 불러서 뭔가 할 말이 있다는 뜻이다.

길을 가다가 누군가가 뒤에서 나를 부르는 듯이 "Excuse me!"를 외친다면 뒤돌아서 확인해 보는 게 좋다. 대형 마트에 혼자 쇼핑하러 갔다가 카트에 한가득 물건을 싣고 나온 적이 있다. 구입한 물건을 차에 싣고 카트를 카트 보관소에 갖다 놓고 차로 가는데 누군가가 다급한 목소리로 "Excuse me!"를 외친다. 뒤를 돌아보니 방금 가져다 놓은 빈 카트 밑에 기저귀 한 박스가 남아 있다고 친절히 알려주신 것. "땡큐 쏘 머치!!"를 외치고 기저귀 박스를 꺼내어 들고 왔다.

어떤 행동을 하기 전에 상대의 입장을 먼저 고려해 주는 것이 배려의 출발점이다. 충분히 지나갈 수 있는 공간이라고 생각해서 대화를 나누고 있는 두 사람 사이를 그냥 지나갈 수도 있다. 하지만 내가 지나가는 것을 알리고 지나가는 것과 상대방이 느끼는 차이는 분명히 있다. 이때 "Excuse me"라고 미리 한마디 하고 지나가는 것이다.

나는 항상 당신의 말을
귀 기울여 듣고 있다

자신이 가장 사랑받는다고 느끼는 순간은 언제인가? 연인 사이의 관계가 더 특별해진 순간은 언제였는가? '어? 이 사람이 나를 정말 많이 생각하고 있구나!'라고 느끼는 그 순간이 아닐까? 내가 무심코 던진 한마디를 기억하고, 생각지도 못했던 어느 날 짠! 하고 내가 원하는 선물을 받아 그 사람이 다시 보이던 경험. 한 번쯤 가지고 있지 않을까 싶다.

연애할 때는 상대의 마음을 훔치기 위해 그 사람의 이야기를 잘 들어준다. 부당한 대우를 한 회사 상사나 동료에 관한 이야기를 들으면 마치 내 일인 양 같이 분개하고, 그 사람이 본 영화나 책, 어린 시절 이야기, 군대 시절 이야기도 지루해하지 않고 들어준다.

그런데 이상하게도 결혼하고 나면 그렇게 말을 잘 들어주던 두 사람은 어디로 가고 서로 자신의 이야기를 들어 달라고 보채기만 하게 된다.

내 이야기를 좀 들어달라고. 내가 더 힘들다고. 나를 좀 더 사랑해달라고. 왜 나한테 이렇게 소홀해졌냐고. 서로 변했다며 싸운다.

그런 마음이 들 때는 우선 자신부터 돌아보자. 나는 상대가 이야기할 때 얼마만큼 귀 기울여 듣고 있는가? 상대가 지금 이 이야기를 하는 속내는 무엇인가? 상대가 나한테 이야기함으로써 무언가 부탁하고 싶은 게 있는 거라면 적극적으로 물어보자. 구체적으로 어떻게 도와주었으면 좋겠는지 물어보는 것이다. 관심 없는 주제라 하더라도 상대가 신이 나서 이야기하면 눈을 반짝이며 재미있게 들어주자.

우리는 너무 자주 잊는다. 지금 내 옆의 이 사람이 내가 시시콜콜한 모든 걸 알아내고 싶어 안달이 났던 바로 그 사람이라는 사실을. 지금 내 옆에서 종알종알 이야기하고 있는 이 아이가 내가 그토록 가지길 원했고, 눈에 넣어도 아프지 않을 만큼 내가 사랑하는 아이라는 사실을. '사랑해'는 '나는 당신의 말을 귀 기울여 듣고 있다.'는 말의 다른 표현이다. 사랑한다는 말을 더 자주 하고, 사랑한다면 더 잘 들어주어야 한다.

미국의 유명한 로봇 공학자인 데니스 홍 교수가 한 강연에서 아이와 셀카 찍을 때는 꼭 무릎을 구부려 아이 키에 맞춰 찍는다고 했다. 나는 그 말을 듣고부터 아이가 나에게 이야기할 때는 아이 눈높이에 맞춰 무릎을 구부려서 일부러 귀를 손으로 늘려 크게 만들어서 듣는다. 이렇게 하면 아이들은 '아, 우리 엄마가 내 이야기를 진짜 듣고 있구나!'라는 믿음을 갖게 될 것 같아서다.

행복을 위해 당장 그만두어야 할 것은?

"○○가 올해 어디에 집을 샀대." "○○는 지금 어디에 놀러갔대." "○○는 결혼기념일 선물로 남편이 ○○를 사줬대." 이처럼 부러움을 가득 담아 친구들의 각종 소식을 남편에게 전하는 일을 그만두기로 했다.

어느 순간 이런 말들이 "다들 잘살고 있는데, 우리는 왜 그런 곳에 아직 가지도 못하고, 왜 아직 더 큰 집으로 이사도 못 가고 이렇게 사는 건데?" 하고 남편을 타박하는 것처럼 들리고 상대에게 상처가 될 것 같았다. 아내들이 무심코 하는 그런 말이 남자들에게는 상처가 될 수 있다. 어떤 남자는 이런 말에 "와 좋겠네! 우리도 언제 거기 놀러 가자!" 하고 쿨하게 받아들이고, 그저 "좋겠네." 하고 시큰둥한 반응을 보이는 이도 있을 것이다. 어떻게 표현하든 남자는 자신이 해주지 못한 것을 부러워하는 아내에게 미안하면서도 자존심이 상할 것이다.

반대로 생각해보자. 남편이 나에게 "누구 아내는 이렇게 해준대."라는 말을 하면 기분이 어떨까? 그러니 서로에게 득이 되지 않는 그런 비교의 말은 그만하고 내가 진짜로 가지고 싶은 것, 내가 꼭 가고 싶은 곳에 대한 구체적인 이미지를 그리고, 이를 지속적으로 이야기하는 편이 더 낫다. 그러면 남편은 그 브랜드 혹은 그 장소의 이름만 들어도 '그래 언젠가는 우리 아내를 데리고 꼭 저기에 가야지!' 하는 의욕을 가질 것이다. 그러다 보면 자연스럽고 행복하게 두 사람은 어느 순간 그곳에서 함께 시간을 보낼 수 있게 될지 모를 일이다.

남이 어디 가든, 무얼 사든 그게 내 삶과 무슨 상관이란 말인가? 내가 진심으로 가고 싶은 그곳, 내가 정말 갖고 싶은 그것을 가지는 게 진정한 행복이지 남이 했기 때문에 나도 하고 싶다고 하는 건 이제 그만두자. 가장 빨리 불행해지려면 남과 비교하라는 말도 있지 않은가.

이제 나도 어른이다. 스스로 행복을 만들어 나가는 어른.

남과의 비교는 이제 그만!

내가 상상하는 멋진 미래를 나 스스로 꾸려 나가자.

Happiness depends upon ourselves.

– Aristotle –

행복은 우리 자신에게 달려 있다.

– 아리스토텔레스 | 고대 그리스의 철학자 –

아름다운 전염병,
기부 문화

미국에서는 어느 정도 부가 쌓이면 사회에 환원하는 '노블리스 오블리주'Noblesse Oblige를 당연시한다. '투자의 귀재' 워런 버핏이 매년 3조 원이 넘는 금액을 여러 자선단체에 기부하는 것은 널리 알려진 사실이다. 지금은 이혼했지만 빌 게이츠는 아내와 설립한 빌&멜린다 게이츠 재단에 기부를 너무 많이 하는 바람에 부의 순위가 뒤로 밀리기도 했다. 아마존 창업자 제프 베이조스의 전 부인 맥킨지 스콧이 전 재산(2021년 기준 약 535억 달러)의 절반 이상을 기부하겠다고 서약했고, 페이스북 창업자 마크 저커버그도 전 재산의 99%(2015년 발표 당시 450억 달러)를 생전에 기부하겠다고 했다.

부유한 유명인사들뿐만 아니라 미국인들의 나눔과 기부 사례는 차고 넘친다. 동네 도서관, 체육관, 학교 등에 소액으로 기부하는 개인들도 수없이 많다. 내가 즐겨 듣는 클래식 음악 전문 라디오 방송 채널은

분기별로 하루 동안 방송 내내 기부금을 모아 그 돈으로 운영된다. 기부자들이 그 대가로 받는 것은 그 방송사의 로고가 인쇄된 차창 스티커 한 장이나 특별 제작한 음악 CD가 전부이다.

내가 미국의 기부 문화에 대해 눈여겨보게 된 것은 버지니아주 맥클린이라는 부촌에 있는 클레미존트리Clemyjontri라는 독특한 이름의 놀이터를 방문한 게 계기가 되었다. 아델 리보위츠Adele Lebowitz라는 이름의 나이 지긋한 여성이 네 명의 자식 이름 Carolyn(CL) + Emily(EMY) + John(Jon) + Petrina(Tri)를 합쳐서 Clemyjontri라는 이름을 붙였다. 가족 소유의 집과 땅을 기부해 장애, 비장애 아이들이 모두 마음껏 뛰어놀 수 있는 멋진 놀이터를 탄생시킨 것이다. 땅값만 해도 어마어마한 부지에 아이들과 동네 주민들을 위한 휴식 공간을 만들어 놓았다. 이런 기부 사례는 고개를 살짝만 돌려도 찾아볼 수 있을 정도로 많다.

이렇게 너무나 자연스럽게 기부 문화가 자리잡게 된 배경에는 기부금 운영의 투명성, 기부금에 대한 세제 혜택은 물론 기부한 사람과 가족에 대한 존경 어린 시선 등이 자리하고 있다. 남보다 앞서 나가는 사람보다는 서로 나누고, 도움을 주는 사람을 인재로 여기는 교육 문화도 큰 역할을 한다고 본다.

나중에 돈을 많이 벌고 나서 기부하겠다는 생각보다는 지금 내가 보탬이 될 수 있는 작은 일부터 돕는다는 마음을 가지는 게 바람직하다. 그래야 나중에 통 큰 기부도 할 수 있게 될 것이다.

도와주지 않는 게
돕는 거라고 할지라도

아이들은 아무리 나이가 어려도 누군가를 도와주고 싶어 한다. 그리고 자신이 조금이나마 도움이 되었다고 느끼면 완벽한 만족감이 어린 표정을 엿볼 수 있다. 우리 아이들은 말을 어느 정도 할 수 있게 되면서부터 내가 무얼 하던지 옆에 달려와서 이렇게 묻는다. "Can I help you?"

한국말로 하면 "내가 도와줄까요?"

솔직히 아이가 도와주지 않는 게 돕는 것이기는 하지만 나는 항상 "물론이지! 고마워!"라고 대답한다. 아이의 손을 같이 잡고 양파를 썰고, 샐러드 드레싱을 만들고, 쿠키를 구웠다. 그리고 세탁기에 빨래를 넣으라고 하고, 빨래를 개고 설거지도 하게했다. 그러면 아이는 엄마를 돕는다는 자부심도 한껏 느끼고, 새로 경험하는 일에 재미를 느끼며 자리를 떠날 생각을 하지 않는다.

사실 어느 순간부터 "Can I help you?"라는 소리가 두려울 정도로 아이와 집안일을 함께 하려니 힘과 시간이 두 배로 들어 힘들었다. 하지만 상대를 도와주려고 하는 아이의 마음이 예쁘고, 무엇보다도 타인에게 자기가 가진 무언가를 주고 싶어 하는 그 마음을 잃지 않게 해주고 싶다. 베푸는 사랑의 실천을 행할 수 있는 사람으로 키우고 싶은 마음에 세상 착한 엄마처럼 항상 "예스!"라고 대답한다.

그래서 우리 집 큰아이는 다섯 살 무렵에도 내가 조금만 피곤해하는 기색이 비치면 저녁을 먹다가 "엄마, 오늘은 내가 설거지할게요. 올라가서 목욕하세요."라고 한다. 아이가 도와주기를 원하면 (싫어도) 기꺼이 도움을 받자. 처음에는 '도움을 주는 게 아니라, 일을 더 만들고 있구먼!'이라는 생각이 들겠지만, 꼭 참고 친절하게 가르쳐주자. 칼은 어떻게 잡고, 수건은 어떻게 개켜야 하는지, 또 설거지할 때 가장 효율적인 방법은 무엇인지. 이 모든 것이 아이에게 큰 자산이 될 것이라고 믿자.

실제로 그러하므로.

칭찬의 힘

'칭찬은 고래도 춤추게 한다'는 말처럼 칭찬은 어른이건 아이건 상관없이 심리적으로 엄청난 힘을 발휘하게 한다. 미국 생활하면서 많이 사용하는 표현 중에 Awesome이라는 단어가 있다. 이런저런 많은 상황에서 이 표현을 쓰는데, 보통 "우와!"라는 감탄의 느낌과 더불어 "멋지다!"라는 뜻을 가지고 있다. 하루에도 수십 번 들을 정도로 자주 쓰는 말이다.

따지고 보면 별것 아닌 일이나 상황에서 계속 내뱉는 칭찬의 말은 의외로 큰 역할을 한다. 평소와 다른 방식으로 블록을 쌓은 어린아이를 보며 어썸! 이라고 크게 외쳐주며, 엄지척! 해주면 아이는 어깨가 으쓱해진다. 친구나 가족을 위해 정성 들여 준비한 음식을 맛보고 "잇 테이스츠 어썸!"It tastes awesome!이라는 칭찬을 들으면 피로가 싹 가실 정도로 힘이 난다. Two thumbs up!이라는 말이 있는데, 두 손의 엄지를 올리며 최고! 라고 외칠 때 사용하는 표현이다. 아이는 맛있는 음식을 만들어주면, 발가락까지 치켜들며 Four thumbs up!이라고 한다. 그런 말을 들으면 정말 신이 난다. 어른도 이런데 아이들은 오죽할까 싶다.

블로그에 일상의 소소한 글과 사진을 올린 지도 10년이 넘었다. 처음에는 그저 이러이러한 데 가봤고, 요런 멋진 식당에 가서 먹어봤고, 이런 음식도 만들 수 있다! 라는 자랑조의 글을 많이 올렸던 것 같다. 그러다가 신문에 푸드 칼럼을 연재하면서부터 내가 만든 맛있는 요리를 다른 사람들도 쉽게 따라서 만들어 볼 수 있게 레시피를 더 정확하게 쓰기 시작했다. 나만 알기에는 아까운 정보를 올리면서 블로그 구독자 수가 많이 늘어났고, 감사하게도 팬이라고 하시는 분들도 생겼다.

많은 분들이 내가 올린 레시피를 보고 따라 만들어봤더니 너무 맛있었다고, 플레이팅이 멋지다고, 좋은 정보 주어서 감사하다는 칭찬을 블로그에다 해주셨다. 이런 칭찬과 감사인사를 읽으면 힘이 쑥쑥 났고, 그럴수록 더 열심히 하게 되었다.

아이를 키우면서는 이런 감탄과 칭찬의 표현은 자주 할수록 좋은데, 아이들은 신기하리만치 부모가 하는 대로 그대로 보고 따라 한다. 아첨이 아닌 칭찬을 듣고 기분 나빠 할 사람은 없다. 그런 작은 칭찬을 서로 건네면 칭찬받은 사람도 기분 좋고, 또 칭찬을 한 사람도 덩달아 기분이 좋아지는 효과가 있다.

칭찬은 정말 '고래도 춤추게 한다.'

우리에게 필요한 것은
좋은 스토리

　　　　　　　　　　　　장학금을 지원받아 하버드 의과대학원을 졸업한 시댁 집안의 동생이 집에 놀러 왔다. '아니, 도대체 공부를 얼마나 잘했으면, 일반 대학도 아니고 하버드대에, 그것도 의대에 장학금을 받고 졸업한 거지?' 정말 궁금했다. 그런데 그는 내가 상상한 모범생 이미지와는 거리가 먼, 마치 방금 GQ 같은 남성잡지에서 튀어나온 듯한 외모에 유머가 넘치는 청년이었다. 어떻게 하면 하버드대에 갈 수 있는지 그 비결을 물었더니 예상치 못한 답이 돌아왔다. "You just need a good story."(좋은 스토리만 있으면 돼요)라고 하는 것이었다.

　사실 미국의 명문대학에 들어갈 때 각 대학에서 중요시하는 것은 '이 학생이 우리 학교에 어떻게 기여할 것인가?'이다. 기초 뇌력과 체력 외에 또 다른 무언가가 있는가를 보는 거다. 여기에 자신만의 이야기를 에세이에 잘 버무려 내는 것이 중요하다. 그래서 같은 성적을 가지고 스탠

퍼드대는 떨어지고 하버드대는 붙는 결과가 나오기도 한다. 내가 우선 가고 싶은 학교를 고르듯이 학교 역시 이 학교와 성향이 맞는 학생을 뽑기 위해 다양한 활동과 에세이를 중요시한다.

이 동생은 '자기만의 스토리'로 자신이 알래스카라는 미국 내에서도 특수한 지역에서 자랐다는 점과 이란인 아버지와 한국인 어머니 사이에서 태어나 자란 다양한 가정문화를 내세웠다고 했다. 그리고 군대에 복무하고 있다는 점은 물론, 스포츠를 좋아해서 스노우제트스키를 타다가 심하게 다쳐서 코 골절 수술을 받은 경험, 그리고 그것을 계기로 얼굴 부상을 입은 환자를 집중적으로 치료하고 싶다는 꿈이 생겼다는 것 등을 버무려서 자신만의 스토리를 만들었다고 했다.

나도 우리 아이가 나중에 아이비리그 대학에 갔으면 좋겠다는 욕심이 없다면 거짓말일 테다. 그것도 비싼 학비를 내는 대신 장학금을 받고 갈 수 있다면? 학벌이 좋다고 성공하는 것은 아니겠지만, 출발선상에서 유리한 위치에 놓이는 것은 사실이다. 그 사촌 청년의 이야기를 듣고 내 아이가 남과는 다른 이야기를 세상에 들려줄 수 있도록 다양한 경험을 할 수 있는 환경을 조성해 주어야겠다는 생각이 들었다.

'스펙'이라는 것이 결국은 나는 이런 이야기를 만들어 온 사람이고, 앞으로 어떤 이야기를 만들어 나갈 사람인지를 보여주는 척도가 아닐까 싶다. 내가 이 책을 쓰게 된 용기도 바로 거기서 나왔다. 세상에 들려주고 싶은 나만의 이야기를 쓰고 싶었던 것이다.

당 충전이 필요한 날에
꾸덕꾸덕 퍼지 브라우니

Fudge Brownie

그런 날이 있다. 한입 베어 물면 이 자국이 그대로 날 정도로 꾸덕꾸덕하게
씹히면서 입안에서 초콜릿이 사르르 녹는 진하고 달콤한 브라우니가
먹고 싶은 날. 내가 상상한 맛의 브라우니를 어디서 사먹을 수 있다면 좋겠지만,
아직 그런 브라우니를 사서 먹어본 적이 없으니, 만들어 먹을 수밖에...

퍼지 브라우니

(15×15cm 정사각팬 1개용)

Ingredients

버터 114g(녹여서 준비)   계란 100g

포도씨유 2T   바닐라 익스트랙 2t

흰설탕 80g   중력분 66g

황설탕 70g   코코아가루 50g

소금 ¼t   초콜릿 100g(잘게 썰어 준비)

How to make
---

1. 오븐을 170도로 예열하고, 정사각팬에 종이호일을 깔아서 준비한다.

2. 녹인 버터를 믹싱볼에 담고, 포도씨유를 넣어 손 거품기로 저어준 다음 설탕과 소금을 넣어 섞는다. 계란과 바닐라 익스트랙을 조금씩 넣어가며 섞는다.

3. 중력분과 코코아가루를 체에 내려 넣고, 날가루가 거의 보이지 않을 때까지 주걱으로 반죽을 가볍게 섞는다.

4. 초콜릿의 2/3 분량을 반죽에 넣어 섞고, 준비한 팬에 부은 다음, 남은 초콜릿을 윗면에 뿌려준 후 예열된 오븐에 넣어 20분간 굽는다.

5. 윗면을 만져보았을 때 손에 묻어나지 않고, 가운데가 출렁거리지 않을 정도면 오븐에서 꺼내어 팬째 10분간 식힌 후, 종이호일을 들어올려 식힘망에 올려 완전히 식힌 다음 썰어준다.

달콤 쌉싸름한 매력의

녹차 컵케이크

Green Tea Cupcake

특유의 쓴맛을 지닌 녹차를 디저트에 활용하면 단맛과 조화를 이루어
달콤 쌉싸름한 매력을 듬뿍 느낄 수 있다. 촉촉한 녹차 케이크에 상큼한
크림치즈 프로스팅을 얹은 녹차 컵케이크는 한입 맛보면 하루의 피로가 싹
가시면서, 기분이 참 좋아지는 그런 맛이다. 꼭 만들어 보시길.

• • •

녹차 컵케이크

(깊은 컵케이크 8개용 / 일반 컵케이크 10개용)

········· *Ingredients* ·········

버터 90g(실온상태)   박력분 120g

설탕 130g   말차가루 5g

소금 ½t   베이킹파우더 5g

계란 76g   우유 86g(실온상태)

[크림치즈 프로스팅]

크림치즈(실온상태) 136g   말차가루 1g

버터(실온상태) 90g   레몬즙 6g

설탕 60g

········· *How to make* ·········

1. 오븐을 170도로 예열하고, 컵케이크 틀에 종이 머핀컵을 끼워 준비한다.

2. 볼에 버터를 넣고 핸드믹서로 가볍게 풀어준다. 설탕과 소금을 넣어 부드
    러운 크림 상태가 되도록 중속으로 2분간 믹싱한다. 계란을 조금씩 넣으며
    1분 정도 충분히 섞는다. 가루재료(박력분, 말차가루, 베이킹파우더)를 체에
    쳐서 우유와 번갈아 가며 넣어주면서 주걱으로 섞는다.

3. 준비한 틀에 반죽을 나눠 담고 예열된 오븐에 넣어 15분간 구운 후 식힘망
    위에 올려 완전히 식힌다.

4. **크림치즈 프로스팅 만들기** | 볼에 버터와 크림치즈를 넣고 핸드믹서로 부드
    럽게 풀어준 다음 설탕을 넣고 부드러운 크림 상태가 되도록 믹싱한다. 말
    차가루와 레몬즙을 넣어 섞는다.

5. **완성** | 크림치즈 프로스팅을 짤주머니에 담아 식힌 컵케이크 윗면에 듬뿍
    짜준 후, 윗면에 말차가루를 살짝 뿌려준다.

빙글빙글~예쁘고 맛있는
회오리 쿠키
—
Vanilla Chocolate Swirl Cookie

바닐라 맛과 초콜릿 맛을 동시에 맛볼 수 있는 예쁘고 맛있는
회오리 쿠키를 소개한다. 반죽을 미리 만들어 냉동해 두었다가, 언제든 썰어서
굽기만 하면 되고 포장해서 선물하기에도 너무 좋은 쿠키다.
커피에 살짝 찍어먹으면 고소한 맛이 입에 착 감긴다.

회오리 쿠키

(쿠키 32개용)

Ingredients

[바닐라 반죽]

버터 86g(차가운 상태, 주사위 모양으로 썰어 준비)   소금 한 꼬집

박력분 126g   계란 6g

슈가파우더 32g   바닐라 익스트랙 ½t

[코코아 반죽]

버터 90g(차가운 상태, 주사위 모양으로 썰어 준비)   황설탕 16g

박력분 110g   소금 한 꼬집

코코아가루 12g   계란 8g

슈가파우더 30g

How to make

1. **바닐라 반죽** | 푸드 프로세서에 버터, 박력분, 슈가파우더, 소금을 넣고 순간 버튼을 여러 번 눌러 버터가 팥알 크기가 되도록 간다. 계란과 바닐라 익스트랙을 넣어 한덩어리로 뭉쳐 준 다음 반죽을 반으로 나눠서 각각 15×15cm로 밀어준다.

2. **코코아 반죽** | 푸드 프로세서에 버터, 박력분, 코코아가루, 슈가파우더, 황설탕, 소금을 넣고 순간 버튼을 여러 번 눌러 버터가 팥알 크기가 되도록 간다. 계란을 넣어 한덩어리로 뭉쳐 준 다음 반죽을 반으로 나눠서 각각 15×15cm로 민다.

3. 바닐라 반죽 위에 코코아 반죽을 올려 겹친 반죽을 돌돌 말아 원통 모양으로 만들고 종이호일에 말아 1시간 이상 냉동한다.

4. 코코아 반죽 위에 바닐라 반죽을 올려 겹친 반죽을 돌돌 말아 원통 모양으로 만들고 종이호일에 말아 1시간 이상 냉동한다.

5. 오븐을 180도로 예열하고, 베이킹 팬에 테프론시트를 깔아 준비한다.

6. 냉동해 두었던 반죽을 꺼내어 표면에 계란 흰자를 붓으로 얇게 발라준 다음 설탕에 굴려서 1cm 두께로 썰어 베이킹 팬에 간격을 두고 올린다. 예열된 오븐에 넣고 15분 구운 다음 식힘망 위에 올려 완전히 식힌다.

선물용으로 당첨

바스크 치즈케이크

Basque Burnt Cheesecake

일반 치즈케이크와 달리 밑판을 따로 만들 필요도 없고,
중탕으로 구울 필요 없이 반죽을 바로 부어 구우면 되니 베이킹 초보도
쉽게 만들 수 있다. 높은 온도에서 구워 윗면은 탈듯말듯 거뭇해지는데
그 향이 아주 기가 막히고, 촉촉하고 부드러워서 차갑게 해서 먹으면
아이스크림 같은 고소하고 달콤한 맛이 난다.

마스크 치즈케이크

(지름 15cm 크기 케이크 1개용)

Ingredients

크림치즈 340g(실온상태)   계란 170g

마스카포네 치즈 70g(실온상태)   바닐라 익스트랙 1t

설탕 140g   생크림 268g

소금 ⅛t   박력분 20g

How to make

1. 볼에 크림치즈와 마스카포네 치즈를 넣어 주걱으로 부드러운 상태가 되도
   록 섞는다. 설탕과 소금을 넣어 완전히 섞어준 다음 계란과 바닐라 익스트
   랙을 3회에 나눠 넣으면서 섞는다. 생크림을 2회에 나눠 넣어 저어준 다
   음, 박력분을 체에 내려서 넣고 섞는다. 반죽을 체에 걸러서 냉장고에 넣
   어 30분 정도 휴지시킨다.

2. 오븐을 240도로 예열하고, 케이크 팬 안쪽에 종이호일을 깔아 준비한다.
   냉장해 둔 반죽을 팬에 담고 예열된 오븐에 넣은 다음 오븐 온도를 230도
   로 낮춰 25~30분간 윗면이 진한 갈색이 되도록 굽는다.

3. 틀째 식힘망 위에 올려 완전히 식힌 다음 랩을 씌워 냉장고에 넣어 차갑게
   해서 자른다.

Chapter 02

아이를 위한
행복 레시피

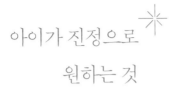

아이가 진정으로
원하는 것

　　　　　큰아이에게 봄방학을 맞이하여 방
학 기간에 하고 싶은 것, 먹고 싶은 것, 가고 싶은 곳이 있으면 종이에
써서 제출하라고 했다. 이왕이면 기억에 남을 멋진 봄방학을 만들어주
고 싶어서.

하고 싶은 것

1. 놀기　　　　　　　　　　2. 보드게임

3. 아트 & 크래프트(만들기)　　4. 컬러링(색칠)

5. 레고 가지고 엄마랑 같이 놀기

먹고 싶은 것

1. 쉐이크쉑 버거 2. 민트 초코칩 아이스크림
3. 쉐이크쉑 버거에서 판매하는 밀크쉐이크

가고 싶은 곳

1. 요거트 아이스크림 가게(Sweet Frog) 2. 놀이터
3. 마이클스Michaels (문방구) 4. 한인 슈퍼마켓(Lotte 또는 H Mart)

너무나 소박하지만 구체적이기도 해서 피식 웃음이 났다. 그렇게 아이가 원하는 것들을 하며 봄방학을 보냈더니 아이는 매일 밤 잠들기 전에 "Today is best day ever!"(생애 최고의 날이었어요!)라고 했다. 이웃집 누구는 디즈니 월드에 놀러 가고, 멕시코 칸쿤에 간다고 해서 내심 부럽기도 하고, 아이에게 살짝 미안하기도 했는데 집과 동네에서 놀기만 해도 생애 최고의 날이라고 추켜세워 주니 머쓱하기도 했다.

우리는 가끔 아이를 위한다고 멋진 곳에 데려가려고 애쓰지만, 사실 아이가 정말 원하는 것은 집 앞 놀이터에서 찐하게 놀고, 집에서 편안하게 보드게임을 하고, 아이스크림 숍에 가서 맛있는 아이스크림도 사 먹는 그런 소소한 즐거움이 알알이 박힌 하루이다. 여름방학에도 아이가 원하는 것 위주로 스케줄을 짜서 최고의 여름을 함께 보내야겠다.

'잠깐만'이라고 하기 전에 '잠깐만' 입장 바꿔 생각하기

아이는 방금 만든 멋진 작품을 얼른 보여주고 싶어서 엄마를 부른다. 옷의 단추를 제대로 끼고 싶은데 잘 끼워지지 않을 때도 엄마를 부른다. 책을 읽어달라고 엄마를 부르고, 블록 놀이를 같이 하자고 엄마를 부르고, 놀이터에 같이 가자고 엄마를 부른다. 그리고, 돌아오는 엄마의 대답은 "잠깐만~"

'잠깐'이라고 했는데 아무리 기다려도 엄마는 오지 않는다. 심통이 난 아이는 그 마음을 말로 표현하지 못하고 괜한 말썽을 피운다. 가만히 있는 동생을 한 대 쥐어박고 울음이 터지자 엄마는 바로 달려와서 소리친다. "동생을 왜 때려?"

잠깐만이라고 해놓고, 하염없이 기다려도 오지 않던 엄마가 일을 저질러야만 달려온다면 아이의 마음이 어떠할까?

58

아니, 반대로 생각해보자.

우리가 아이에게 할 이야기가 있어서, 혼자 보기에는 너무 아깝고 보여주고 싶은 것이 있어서 아이를 불렀는데, 아이가 "잠깐만요"라고 얘기하고 한참을 기다려도 올 기미가 보이지 않는다면? 불렀는데 왜 안 오냐고 다그치지 않을까? 기다리는 사람은 그 기다림이 비록 1분이었다고 해도 매우 오래 기다린 것처럼 느껴지기 마련이다. 잠깐만이라고 한 사람은 잠깐 하던 일을 마무리하고 가는 게 뭐 그리 대수냐고 생각할 수 있다. 시간은 상대적이므로.

분주하게 집안일에 식사준비까지 하다 보면 아이가 부르는 소리에 '잠깐만'이라고 하는 경우가 매우 많다. 잠깐만이라고 한 것을 깜빡하고 아이에게 가지 않으면 아이는 기다림에 지쳐 뾰로통해졌다. 그래서 어느 순간부터 '잠깐만'이라고 하기 전에 지금 '잠깐' 가서 얼른 보고 오자는 마음가짐으로 태도를 바꾸었다. 그랬더니 세상에 그렇게 급한 일은 없다는 것을 깨닫게 되었다. 냄비에서 물이 끓어 넘치는 게 아니라면 잠깐 짬을 내어 아이의 말에 귀 기울여 줄 수 있다. 다들 너무나 잘 알겠지만 아이가 이렇게 엄마를 자꾸 찾을 날도 빠르게 줄어든다.

아이가 커서도 부모와 소통이 잘되고 돈독한 관계를 유지하려면 아이가 우리를 찾을 때 잘 응답해주어야 한다고 나는 생각한다. 엄마가 내 말에는 항상 귀 기울여준다는 신뢰가 쌓여 그런 끈끈한 관계가 형성되는 것이니까. 🍃

아이의 이야기에
귀 기울여주기

어린아이들은 하루에도 수백 번 '엄마'를 부른다. 도움이 필요해서일 때도 있지만 대부분은 자신이 지금 보고 있는 쿨하고 재미있는 것을 같이 보고 같이 놀고 싶어 해서인데 이때마다 곧바로 함께 해주기는 현실적으로 불가능하다. 아이는 책에 나오는 괴상한 동물이나 재미있는 장면이 있을 때 엄마가 와서 같이 보고 함께 웃어 주기를 바란다. 그래서 내가 음식 준비를 하거나 막둥이 기저귀를 갈거나 하는 등등 바쁠 때도 장소와 상황을 불문하고 책을 읽어달라고 들이밀때가 있다.

이럴 때 나는 "으악! 너무 무섭게 생겼다! 엄마가 자세히 같이 보고 싶은데 지금은 이러한 상황이라 못 봐. 그러니까 엄마한테 보여주고 싶은 곳을 포스트잇으로 표시해 놔줄래?"라고 하며 포스트잇을 건넨다.

그러면 아이도 신이 나서 "오케이!" 하고 이곳저곳에 포스트잇을 붙이면서 즐겁게 책을 본다.

그리고 나서 하던 일을 처리하고 시간이 될 때 아이를 불러서 아까 그 무시무시한 동물이 나온 책을 같이 보고 싶다고 한다. 그러면 아이는 책을 들고 달려와 페이지마다 표시한 곳을 펼쳐가며 신나게 같이 책장을 넘겨본다. 이렇게 하면 나도 바로 아이에게 응해주지 못한 것에 전혀 미안해할 필요가 없고, 아이도 엄마의 주의를 바로 끌지 못한 것에 섭섭해하지 않는다.

혹시 아이가 뭔가 같이하고 싶다고 하는데, 지금 당장 해줄 처지가 안 될 경우에는 여러분도 이렇게 해보면 좋겠다. 🧄

Savor the smiles and laughter of your children
– there is nothing more important.

– Samuel Johnson –

아이들의 미소와 웃음을 즐겨라. 세상에 이보다 더 귀한 것은 없다.
– 새뮤얼 존슨 | 영국의 시인, 평론가 –

속상함의 크기를
함부로 재단하지 않기

상황1

노랗게 잘 익은 바나나를 손에 들고 아이는 신이 났다. 껍질을 벗겨서 먹으려고 하는데 바나나가 두 동강이 나면서 바닥에 떨어졌다. 아이는 곧바로 울음바다. "바나나아아~."

다시 붙일 수 없는 바나나를 애써 붙여보려 애쓰며, 이렇게 잡고 먹으면 괜찮다고 아무리 달래도 아이의 울음은 그칠 줄 모른다. "그럼 네가 벗기다가 부러진 바나나를 나보고 어쩌라는 거야!" 엄마는 화를 내고 아이는 더 큰 소리로 운다.

상황2

온 가족이 오랜만에 쇼핑몰에 갔다. 엘리베이터를 타는 순간 둘째 아이가 잽싸게 2층 버튼을 눌렀고, 이에 첫째 아이는 자기가 버튼을 누르고 싶었는데 동생이 눌렀다고 기분이 상했다. 너도 동생만한 나이였을 때 많이 눌러보지 않았느냐고 달랬더니 울음이 터져버린다.

같은 일이라도 속상해하는 정도는 저마다 다르다. 삶의 경험이 부족한 어린아이들은 어른 눈에 별일 아닌 것처럼 보이는 일에도 큰일이 난 것처럼 반응한다. 이때 많은 부모들이 "뭐 그런 걸 가지고 우느냐."고 사건의 크기를 마음대로 축소하거나 "사내는 그런 걸로 우는 거 아니다."라면서 성별에 따른 억압을 가한다.

아무리 사소해 보이는 일이라도 아이 입장에서 상황을 한 번 더 봐주면 어떨까? "바나나가 반으로 부러져서 속상했겠구나."라고 아이의 마음을 읽어준 다음 "엄마가 어떻게 도와주면 좋을까?"라고 의견을 묻는다. 그럼 아이는 훌쩍이면서 새 바나나를 먹고 싶다거나, 바나나를 접시에 올려 달라거나 하면서 마음이 누그러진다. 엘리베이터 일도 마찬가지다. 우선은 "버튼을 누르고 싶었는데 동생이 먼저 눌러서 속상했구나."라고 아이의 속상한 마음에 공감해준다. 그러고 나서 다음에 엘리베이터를 타면 누가 먼저 버튼을 누를지 정한다.

12월 어느 날 오후 크리스마스트리를 만들기로 아이와 약속했는데 남편이 늦게 오는 바람에 트리를 차고에서 꺼내지 못하고 그냥 아이를 재워야 했다. 책을 읽어주고 나서 잘 자라고 인사를 하려는 찰나에 아이의 참았던 울음이 터져버렸다. 오늘 트리 만들기로 해서 밥도 잘 먹고 기다렸는데 못 만들었다고.

이럴 때 나는 아이를 꼭 안아주며 "많이 속상했지?"라고 공감해주려고 한다. 안 그래도 속상한데 엄마까지 마음을 알아주지도 않고 운다고 구박까지 들으면 얼마나 서러울까.

토닥토닥.

"엄마도 그 마음 잘 알아. 엄마도 오늘 트리를 만들고 싶었는데 트리 상자가 무거워서 아빠가 꺼내 주셔야 해. 우리 내일 정말 멋진 트리를 같이 만들자! 지구에서 제일 큰 트리를 만들까?" 이렇게 말을 건네면 어느새 아이는 울음을 그친다. 그리고 내일 얼마나 큰 트리를 만들 것인지에 대해 일장 연설을 하며 기분을 바꾸게 된다.

Empathy is a strange and powerful thing. There is no script.
There is no right way or wrong way to do it. It's simply listening,
holding space, withholding judgement, emotionally connecting,
and communicating that incredibly
healing message of "you're not alone."

– Brené Brown –

공감은 이상하고도 강력한 것이다. 스크립트가 없다.
올바른 방법이나 잘못된 방법도 없다. 단순히 듣고, 곁을 내어주고,
판단을 보류하고, 감정적으로 연결하고, 당신은 혼자가 아니라는
믿을 수 없을 정도로 치유되는 메시지를 전달하는 것이다.

– 브레네 브라운 | 미국의 심리학자 –

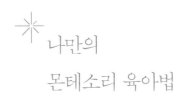

나만의
몬테소리 육아법

블로그를 통해 이런 질문을 많이 받는다. "어떻게 어린아이 셋을 키우면서 다른 많은 일들도 할 수 있나요?"라거나 "육아도 즐겁게 할 수 있는 MJ님만의 특별한 방법이 있나요?" "도대체 책은 언제 읽고 베이킹은 언제 하세요?" 등등. 질문에 대한 답으로 적었던 글이 있는데 많은 이들의 공감을 받아 이곳에도 옮겨본다.

이 세상 모든 부모들처럼 나도 아이를 임신하면서부터는 아이를 어떻게 하면 잘 키울 수 있을지 고민, 걱정, 공부를 많이 했다. 그런 고민은 지금도 진행 중이고, 아마 평생 계속될 것이다. 나는 아이를 낳기 전부터 다음과 같은 나만의 육아 철칙 같은 것을 만들었다.

1. 감사와 배려를 아는 사람으로 키우자.

2. 음식을 즐기면서 먹을 줄 아는 아이로 키우자.

3. 아이의 잠재력은 무한하고, 모든 아이는 특별하다. 나는 그저 아이의 좋은 인생살이 가이드가 되어주면 된다.

이처럼 큰 틀에서 내가 생각하는 육아의 방향을 정해놓았는데, 그럭저럭 잘 해내고 있는 것 같다. 이를 좀 더 자세히 설명하자면 다음과 같다.

1. 감사와 배려를 아는 사람으로 키우자

감사와 배려는 부모가 일상에서 실천으로 보여줘야 자연스레 배울 수 있다고 믿는다. 아무리 사소한 일이라도 타인이 베푼 친절에는 무조건 감사를 전하는 인사를 잊지 않도록 한다. 나눔의 즐거움을 알게 해주기 위해 내가 쿠키를 구우면 아이는 옆집, 옆 옆집까지 문을 두드리며 쿠키를 나눠준다. 강아지를 끌고 지나가는 이웃들에게 쿠키를 하도 많이 나눠줘서 우리 아이들은 동네 강아지 이름을 모두 꿰고 있다.

일부러 아이들 들으라고 '감사'를 큰 소리로 표현할 때가 많다. "오늘 날씨가 이렇게나 맑아 밖에서 신나게 놀 수 있어 참 감사하네! 으하하." "○○가 우리를 위해서 이런 것도 챙겨주고 너무 감사하네! 호호호." "오늘 ○○가 엄마를 도와줘서 정말 고맙네! 울랄라." 이렇게 아이가 들도록(아주 큰 혼잣말로) 외치는 것이다.

아이들이 요구하는 것들은 상당 부분 알고보면 우리를 돕고 싶은 마음에서 비롯된다. 아이들은 엄마가 계란껍질을 까면 돕고 싶고, 설거지를 하면 설거지도 돕고 싶고, 빨래를 개거나 청소할 때도 옆에서 돕고 싶어 한다. 그리고 도움을 준 것에 대해 인정받고 싶어한다.

처음에는 베이킹을 하려고 저울만 꺼내도 쪼르륵 달려와 도와주겠다고 하는 아이가 부담스러웠다. 밀가루가 이리저리 떨어질 것이고, 과잉 믹싱될 확률이 매우 높고, 모양도 내가 원하는 대로 안 나올 수도 있고 등등. 하지만 난 정말 위험한 일이 아니면 아이가 참여할 수 있도록 한다. 물론 아이가 먼저 하고 싶다고 할 때만! 아이가 혼자 잘 놀고 있으면 나도 이때다 싶어서 휘리릭 혼자 뭔가 만드는 걸 좋아하니까.

2. 음식을 즐기면서 먹을 줄 아는 아이로 키우자

한국이든 미국이든 식당에 가면 태블릿이나 휴대폰으로 영상을 보지 않는 아이를 찾기 힘들 정도이다. 아이가 대화와 식사에 방해되지 않도록 하겠다는 뜻은 알겠으나 아이가 식탁에 앉아 계속 영상만 보고, 떠먹여 주는 음식을 먹는다면 식당에서 보고 배울 수 있는 많은 것을 놓치게 된다.

새로운 것을 스펀지처럼 빨아들이는 아이들에게는 식당에서의 경험도 좋은 교육이 될 수 있다. 색다른 인테리어, 액자의 그림, 장식을 보면서 시야를 넓히고 상상의 나래를 펼치고, 예쁜 접시에 담긴 음식을 보면서 어떤 맛일지 기대하고, 종업원의 친절한 서빙도 맛볼 수 있다.

동영상을 보면서 식사하는 것은 '있을 수 없는 일!'이라고 처음부터 못을 박는 게 좋다. "우리 아이는 영상을 틀어주지 않으면 밥을 안 먹어요."라고 뒤늦게 후회하는 부모들이 의외로 많다. 나는 아이들에게 오늘 우리가 가는 식당은 어떤 컨셉을 가진 곳이고, 어떤 음식이 있다는 것을 미리 알려준다. 식당에 도착하면 메뉴를 같이 읽고, 식당 안을 둘러보며 인테리어도 구경하고, 원하는 음식을 직접 주문하게 하고, 주문한 음식을 감사히 맛있게 먹는다.

규칙은 단순할수록 지키기 쉽다. 그저 '우리 가족은 식사할 때 영상을 틀어놓고 보지 않는다!'라고 규칙을 정하고 아이들이 이를 지키도록 한다. 어른들도 식사 중에 자꾸 핸드폰을 만지지 말고, 테이블에 같이 앉은 사람들과의 대화에 집중하려고 노력한다. 이렇게 온 가족이 둘러앉아 그날 있었던 일을 공유하고, 재미있는 이야기도 나누고, 고민거리도 나누면서 식사하는 게 그 어떤 가정교육 못지않게 중요하지 않을까?

3. 모든 아이는 특별하다

나는 아이는 모두 특별하며, 가지고 있는 강점도 다 다르다고 확신한다. 첫째와 둘째는 성격과 성향이 너무 달라서 재미있다. 첫째는 조심성이 매우 많고 세심하지만, 둘째는 겁이 없고, 눈에 보이는 크레용을 모두 다 반으로 분질러 놓는 이상한 행동도 많이 한다. 그리고 셋째는 용감무쌍해서 더 용의주도하게 지켜봐야 한다.

아이를 있는 그대로 바라볼 수 있게 된 것은 환경 탓도 크다. 같은 또래의 아이들을 많이 만나는 환경이었더라면 나도 어쩔 수 없이 비교의 늪에 빠졌을지 모른다. 우리 아이보다 잘하는 아이를 보면 '어? 쟤는 벌써 저런 걸 하는데 우리 아이는?' 같은 식으로 생각했을 수 있다.

모든 아이는 특별하다. 그러니 엄마, 아빠가 아이의 좋은 인생 가이드가 되어주자는 편안한 마음으로 키웠으면 좋겠다. '이 나이대의 아이는 무얼 시켜야 하지?' '다들 뭔가 가르치는데 우리 아이만 너무 놀리는 것 아닌가?'라는 조급한 마음은 접었으면 좋겠다. 아이 인생에서 이렇게 팽팽 놀 수 있는 기간도 그리 길지 않다.

I believe the children are our future
Teach them well and let them lead the way
Show them all the beauty they possess inside
– Whitney Houston | Greatest Love of All –

나는 아이들이 우리의 미래라고 믿어요
잘 가르쳐서 그들을 바른길로 인도해야 해요
아이들이 가진 모든 내면의 아름다움을 보여주세요
– 휘트니 휴스턴의 노래 | Greatest Love of All 중에서 –

세 살부터 설거지,
네 살부터 칼질

나는 집에서 아이들이 하고 싶어 하는 것을 마음대로 하도록 두는 편이다. 물론 아이들이 서툴게 이것저것 만지며 집을 엉망으로 만드는 것을 지켜보며 마냥 평온한 마음을 유지하기는 쉽지 않다. 하지만 그럴수록 일부러 흥겨운 노래를 부르며 포커페이스를 유지하려 애쓴다. 잘한다고 칭찬해주고, 엄마 혼자 하면 힘들었을 텐데 도와줘서 금방 끝났다고 고맙다는 말도 해준다.

아이가 뿌듯한 마음을 가지고 자리를 떠난 뒤, 아이가 도와주기 전보다 더 일거리가 많아진 부엌을 둘러보면 얕은 한숨이 새어 나오지만 동시에 피식 웃음이 나면서 나 자신에게 말한다. '이번에도 잘 했어.'라고. 아이들이 집안에서 한 가지씩 할 수 있는 일이 늘고, 사랑하는 가족 누군가를 돕는 과정을 반복하며 아이의 자존감과 자신감이 커진다고 나는 믿는다. 누군가가 자신을 전적으로 믿어준다는 믿음과 자기도 할 수 있다는 아이의 자신감이 동시에 커진다.

세 살만 되면 식탁을 차리고 치우는 일을 도울 수 있고, 과일을 자르는 일도 충분히 할 수 있다. 샌드위치를 만들고, 옆구리 터진 김밥을 말고, 유부초밥도 만든다. 커피머신의 버튼을 눌러 커피를 내리고, 화초에 물 주기, 세탁기와 건조기에 빨래 넣고 꺼내기, 빨래를 개어 옷장에 넣는 일도 충분히 할 수 있다. 베이킹 재료의 무게를 저울에 달고, 반죽을 쿠키 커터로 찍어내 모양 쿠키를 만들 줄도 안다. 아침에 자고 난 이부자리를 정돈하고, 재활용품 분류를 돕고, 청소기도 돌릴 줄 안다.

이런 일은 아이가 자라면서 숙련도가 높아지기 때문에 실제로 도움이 되기도 한다. 일곱 살인 우리 집 첫째 아이는 마늘 꼭지를 다듬는 일을 할 때 옆에서 많이 도와주는데, 같이 앉아 반복되는 동작을 하며 도란도란 이야기를 나누다 보면 혼자 할 때보다 훨씬 재미있게 일을 마칠 수 있다. 네 살인 둘째 아이는 요즘 설거지하는 재미에 푹 빠져서 밥만 먹으면 설거지한다고 나선다. 잘 깨지거나 위험한 물건은 미리 식기세척기에 넣고, 아이가 즐겁게 할 수 있는 적당한 양의 플라스틱, 숟가락, 포크 등을 남겨둔다. 싱크대 앞에 의자를 갖다 놔주고, 물을 졸졸~나오게 틀고 고무장갑을 건네주며 "이제 설거지를 깨끗하게 부탁합니다."라고 하면 아이는 신나게 노래를 부르며 열심히 설거지를 한다.

어릴 적부터 이렇게 집안일에 참여하는 습관이 몸에 배면 커서도 이를 당연히 여길 것이다. 아이가 무언가 하고 싶어 하면 하도록 두는 게 좋다고 생각한다.

아이와 함께 부엌에서 할 수 있는 작업들

1. 쌀 씻기 쌀의 감촉을 느끼며 여러 번 씻게 한 다음 전기밥솥에 넣고 버튼을 누르게 한다. 30분 뒤 맛있는 밥이 짜잔! 조금 전까지 분명 딱딱한 생쌀이었는데 어느새 맛있는 밥이 되는 과정이 신기하기만 하다.

2. 새우 껍질 벗기기 새우 껍질을 벗겨내는 작업을 시키면 물에 잠긴 새우를 가지고 장난도 쳐가며 어느새 껍질을 다 벗겨 놓는다.

3. 메추리알 & 계란 껍질 벗기기 손이 작아서 메추리알 껍질 벗기기는 아이들이 어른보다 더 잘하고 재미있어 한다.

4. 재료 계량과 믹서기 사용 바나나와 우유를 믹서기에 넣고 갈아 바나나 우유를 만들고, 간단한 머핀이나 쿠키를 구울 때는 아이들과 함께 만든다. 재료가 조금씩 많거나 적어도 상관없는 레시피로 만들어야 엄마가 스트레스를 덜 받는다. 쿠키와 머핀이 제격!

5. 설거지 아이한테는 설거지도 놀이고 배움이다. 방법을 잘 알려주고, 쉽게 깨지지 않는 스테인리스 볼이나 플라스틱 위주로 시키면 재미있게 노래까지 흥얼거리며 설거지를 한다.

우리집
밥상머리 교육

아침에는 각자 사정대로 밥을 먹고 집을 나가지만, 저녁에는 온 가족이 둘러앉아 함께 이야기하면서 식사를 한다. 그날 하루가 어땠는지 이야기하고, 재미있는 농담과 퀴즈를 주고받기도 하는데, 아이가 많다 보니 서로 이야기하려고 아우성을 친다. 원칙은 단 한 가지. 먼저 이야기하는 사람의 말이 끝나기 전에 중간에 끊거나 끼어들지 않기! 허무맹랑한 이야기라도 끝까지 들어주고 맞장구쳐준 다음 다른 사람에게 발언권이 넘어간다. 이 과정을 통해 아이는 아무리 자기 이야기가 더 재미있다고 생각해도 차례를 기다려야 한다는 것을 배운다.

식사 시간에는 될 수 있으면 아이가 그날 잘한 일을 공유하려고 한다. 아이의 부정적인 면을 어떻게 개선하면 좋을지는 남편과 단둘이 있을 때만 이야기하고, 아이가 있을 때는 잘하고 긍정적인 면을 부각한다. 그러면 아이는 '아, 엄마가 내가 하는 것을 다 보고 계시구나.' 하는 생각과 함께 앞으로 더 좋은 행동을 자주 해야지~하는 마음이 들 것 같아서 다. 아이뿐만 아니라 우리 모두의 심리가 그렇지 않을까.

또 하나의 규칙은 '식탁 위에 올라온 음식은 일단 맛을 보기'다. 안 먹어보았다고 먹지 않으면 평생 그 음식 맛을 모르게 된다. 그리고 '생각보다 맛이 괜찮네!' 하는 경험이 쌓이면 새로운 음식을 시도하는 데 주저함이 줄어든다. 아이가 처음 보는 음식을 보고 얼굴을 찡그리면, 일단 한입 맛보게 한 후, 맛이 없으면 먹지 말고 맛이 있으면 더 가져다가 먹으라고 한다.

나는 이게 바로 밥상머리 교육이라고 생각한다. 밥상에 둘러앉아 서로 이야기를 나누고 음식을 나눠 먹으며 알게 모르게 필요한 에티켓을 자연스레 배워나가는 것. 다른 사람을 존중하고 배려하라고 강요하지 않아도 몸으로 익혀가는 것. 매일 밥을 함께 먹으면서 부모가 아이에게 줄 수 있는 큰 선물이 아닐까 싶다. 🧁

> If you can dream it, you can do it. Always remember
> that this whole thing was started with a dream and a mouse.
> − Walt Disney −
>
> 우리가 꿈꿀 수 있다면, 이룰 수도 있습니다. 지금 내가 이룬 이 모든 것이
> 지난날 나의 꿈과 쥐 한 마리로 시작했다는 사실을 잊지 마십시오.
> − 월트 디즈니 | 미국의 애니메이터 −

운전 중 아이와 말로 할 수 있는 놀이들

대도시가 아닌 이상 미국은 슈퍼마켓도 차로 운전해서 가야 할 만큼 멀찌감치 떨어져 있다. 아이들을 유치원에 데려다 줄 때도 최소 10~15분 운전해서 가야 하고, 슈퍼에 장보러 갈 때도 마찬가지다.

그래서 차 뒷좌석에 모니터를 설치해 아이들이 차에 타면 바로 영상을 보여주는 사람들이 많다. 나는 차에 오르면 곧바로 영상을 트는 습관이 아이들의 몸에 배도록 하고 싶지 않다. 그래서 차에 시동을 걸고 출발! 하면서 차창 밖에 보이는 사물들로 아이의 주의를 환기시킨다. 방금 트랜스포머에 나오는 옵티머스 프라임(빨강, 파란색 트럭)이 지나갔는데 봤냐고, 오~저기 범블비(트랜스포머에 나오는 노란색 차)가 우리한테 윙크했는데 봤냐고 묻는다. 아이들은 속으로 '에이~엄마가 또 저러시네~' 하면서도 차창 밖으로 그 차를 좇느라 바쁘다. "오른쪽 집 우편 박스 위에 부엉이가 있네! 대낮인데 안 자고 뭐 하는 거지?"라고 하면, 세 살 난 아이는 순진하게 부엉이가 지금 무얼 할까 생각하고, 여섯 살 난 아이는 저거 동상인데 엄마는 그것도 모르냐고 타박한다.

하지만 이건 길에 자동차나 건물이 다양하게 보일 때 이야기이고, 한적한 길을 갈 때는 "I spy~"라고 시작하는 게임을 한다. 한 명이 "I spy with my little eye something green!"(내 작은 눈으로 지금 초록색으로 된 무언가를 봤어!)라고 하면 그 초록색 사물을 차창 밖에서 찾는 게임인데 서로 돌아가면서 문제를 내면 시간이 금방 간다.

그러다가 또 심심해지면 우리말로 끝말잇기도 하는데, 아이들이 우리말이 서툴러서 끝말잇기는 한없이 이어진다. 그냥 아무 단어나 막 갖다붙이는데 너무 재미있다. 아이가 새로 배운 노래를 같이 따라 부르기도 하고, 지루하다 싶으면 'Quiet Game'(말 안 하기 게임)을 한다. "지금부터 Quiet Game 시간이야!" 라고 선포하면 다들 입을 꾹 다문다. 못 참고 말을 하면 그 사람은 탈락한다. 차가 도착할 때까지 말을 안 하는 사람이 승자가 되는 것이다. 아이들이 조용~하게 있다가 살짝 잠이 드는 장점까지 있다.

이 밖에도 차를 운전하면서 아이와 할 수 있는 놀이는 얼마든지 있다. 차타고 가며 심심한 것을 해소하는 방식이 영상을 보는 것 말고도 얼마든지 있다는 것을 자연스레 알게 해준다. 🐚

억지로 외워서라도 키우면 좋은 유머감각

Q. What's worse than biting into an apple and finding a worm?

먹던 사과 속에서 애벌레를 발견한 것보다 더 황당한 일은?

A. Having half a worm in your apple.

사과 속의 벌레가 반쪽만 남은 일(반은 내가 벌써 먹었다는 이야기이므로)

Q. How do you get straight A's?

스트레이트 A(올A) 성적을 받는 방법은?

A. By using a ruler!

자를 사용하면 된다(자로 일직선을 그으면 된다는 의미)

Q. Why did the kid study in the airplane?

왜 그 아이는 비행기에서 공부했을까?

A. Because he wanted a higher education.

더 높은(고등) 교육을 받기 위해서

초등학교 저학년인 큰아이는 이런 식의 유머를 좋아한다. 처음에는 수수께끼나 유머를 모아놓은 책을 보고 외워서 이야기하다가 이제는 어떤 사건이나 사물을 보면 스스로 유머를 만들어 선보이기도 한다. 답이 정해져 있는 것도 아니기 때문에 아이는 수시로 질문을 던지고 내가 답을 못하면 회심의 미소를 지으며 즐거워한다. 나는 아이의 재치에 깔깔거리며 같이 웃어 주고, 아이가 좋아할 법한 유머를 찾아 알려주기도 한다. 집안 곳곳에 유머 책이 놓여 있는데, 아이는 심심하면 그 책을 한 번씩 들춰보고 퀴즈를 낸다.

아이가 유머를 구사할 수 있게 되면 득이 되는 경우가 많다. 처음 보는 엄마 아빠의 친구들을 만나도 아이는 수수께끼를 내서 어색함의 간극을 좁히기도 하고, 또래들끼리도 서로 아는 유머로 쉽게 친해진다. 유머감각이 있는 사람은 어려운 일을 겪어도 유연한 사고를 통해 이를 슬기롭게 이겨나가는 힘이 클 것이다. 반면 유머감각이 없는 사람은 벌어진 상황을 실제보다 더 심각하거나 부정적으로 받아들이기 쉽다고 한다.

유머감각이 넘치는 사람을 만나면 그 만남 자체가 유쾌하다. 별것 아닌 일에도 같이 웃을 일이 생기고, 즐거운 만남의 여운이 오래 남는다. 유머는 자꾸 하면 늘고, 스스로 어색한 기분도 줄어든다. 유머도 배우고 익힐 수 있는 삶의 기술 중 하나이다.

미국 아이들은 뭐하고 놀까?

　　우리와 다른 문화권에서 온 아이들이 내가 어렸을 때 하던 것과 똑같은 놀이를 하며 놀이터에서 노는 것을 보고 놀랄 때가 많다. 사용하는 언어가 다르니 게임의 이름만 다를 뿐 게임 방식은 거의 똑같다.

　　아기에게 하는 '까꿍 놀이'는 나라별로 이름만 다를 뿐 거의 다 있다. 미국에서는 '까꿍'을 'Peekaboo'라고 한다. 가위, 바위, 보! 는 미국에서 'Rock, Paper, Scissors'라고 한다. 이름만 다를 뿐 손동작은 우리와 똑같이 가위, 바위, 보를 한다.

　　'어느 것을 고를까요, 알아맞혀 보세요. 딩동댕~척척 박사님 게임'은 미국에서는 Eeny, meeny, miny, moe catch a tiger by the toe. If he hollers, let him go. Eeny, meeny, miny, moe. 라는 조금은 긴 노래로 바뀌는데, 어린아이들이 엄청 빠른 속도로 이니 미니 마이니 모! 라고 외치는 모습을 보면 너무 귀엽다.

　미국에서도 숨바꼭질을 싫어하는 아이는 지금껏 본 적이 없으니, 아이들과 친해지기에 아주 좋은 놀이이다. 숨바꼭질은 'Hide and Seek'이라고 하는데 놀이 방식은 우리와 똑같다. 미국에서도 크게 히트했던 넷플릭스 드라마 '오징어 게임'에 나오는 '무궁화꽃이 피었습니다'는 미국에서 Red Light! Green Light! (빨간불! 초록 불!)이라고 부른다. 게임 방식은 우리와 똑같다. 술래가 빨간불! 하고 외치면 모든 동작을 멈춰야 하고, 초록불! 하고 외치면 얼른 앞으로 움직인다.

　소풍 가서 많이 하는 게임 중 하나인 '수건 돌리기'는 어떨까? 미국에서는 'Duck Duck Goose'라고 부르고, 술래가 수건을 뒤에 놓는 대신 원으로 빙 둘러앉은 사람들 머리를 하나씩 짚으며 "Duck" "Duck"이라고 얘기하고 지나가다가 어느 순간 한 아이의 머리를 짚으며 "Goose"라고 한다. 그러면 Goose로 뽑힌 아이가 술래가 되어서 이전 술래를 잡으려고 쫓아가고 술래는 한 바퀴 돌아서 잡히지 않고 그 아이의 자리에 앉아야 한다. 우리의 수건 돌리기 게임이랑 아주 유사하다.

　나라마다 언어도 문화도 다르지만, 오래 전해오는 놀이에는 모두에게 통하는 무언가가 있다는 느낌이 든다. 그래서인지 아이들은 서로 말이 통하지 않아도, 처음 만나도 금방 친해지고 재미있게 잘 논다.

아이들과 함께하기 좋은 추천 보드게임

저녁을 먹고 나서 온 가족이 보드게임이나 카드게임을 종종 하는데, 가족끼리 즐거운 시간을 보내기에 좋은 게임이 많다. 오래 된 게임은 보통 규칙이 이해하기 쉽고, 역동적이고 재미있다. 나는 실제로 무언가를 만지작거리고, 직접 말을 움직이고, 상대의 눈빛을 보면서 낄낄거리기도 하며 하는 보드게임이 사람 냄새나고 좋다.

어린아이가 있는 가정에 추천하고 싶은 보드게임, 카드게임을 몇 가지 소개한다. 아이가 게임의 규칙을 이해하고 함께 즐길 수 있는 최소 연령을 표시했지만, 이는 물론 아이마다 다르니 알아서 선택하면 되겠다.

만 3세 이하의 아이에게 적합한 보드게임은 규칙이 복잡하지 않고, 이해하기 쉽고, 글씨를 몰라도 할 수 있어야 한다.

얼음 깨기 Don't Break the Ice

망치로 얼음을 두드려서 얼음 위에 서 있는 펭귄이 떨어지면 지는 게임. 얼음을 깨는 소리도 경쾌하고 스릴 있어서 아이들이 좋아하는 유아 보드게임이다.

예티 인 마이 스파게티 Yeti in my Spaghetti

그릇 위에 플라스틱 스파게티 면과 예티(설인)를 올려놓고 면을 하나씩 뽑다가 그릇 안에 예티를 떨어뜨리면 진다. 아이들이 쉽게 규칙을 이해할 수 있는 초보 게임이다.

캔디 랜드 Candy Land

여러 버전이 있지만 게임판을 펼쳐놓고 카드를 한 장씩 뒤집어 카드에 그려진 색상+개수대로 게임 말을 이동시켜 골인 지점에 먼저 들어가는 사람이 이긴다. 짧은 시간에 승패가 갈리기 때문에 만 3세 어린아이도 즐길 수 있다.

아주 배고픈 하마 Hungry Hungry Hippos

플라스틱 공을 가운데 풀어놓고 하마 입을 벌렸다 닫았다 하면서 공을 제일 많이 먹는 사람이 이긴다. 시끌벅적한 게임. 규칙이 없다시피 해 아주 어린아이도 즐길 수 있다.

메모리 게임 Memory Matching Game

카드를 두 장씩 뒤집어가며 본 그림을 기억해서 짝을 찾아내는 게임. 카드를 제일 많이 모으는 사람이 이긴다. 기억력과 어휘력 향상에 좋고, 부피가 작아 여행할 때 들고 다니기 좋다.

——— 3세 ———

우노 UNO

규칙이 매우 간단해서 만 3세 정도면 게임에 참여할 수 있다. 몇 명이 해도 상관없고, 한 명당 카드를 7장씩 받아 중앙에 엎어 둔 카드를 한 장씩 넘기면서 그 카드에 적힌 같은 숫자나 색깔의 카드가 있으면 카드를 내고, 없으면 카드를 한 장씩 가져간다. 손에 쥐고 있는 카드가 한 장 남으면 "우노!"를 외치고, 수중에 카드가 한 장도 남지 않으면 이긴다. 쉽고 재미있다.

모노폴리 Monopoly

한국의 부루마블과 비슷한 비슷한 보드게임이다. 가족 모두 즐길 수 있고 만 4세 정도면 할 수 있는 어린이용도 있다. 주니어 모노폴리Junior Monopoly를 검색하면 토이 스토리, 겨울왕국, '도리를 찾아서'와 같은 디즈니 캐릭터로 만든 모노폴리도 찾을 수 있다. 아이가 좋아하는 캐릭터로 하는 게임을 고르면 재미가 배가 된다.

쏘리 Sorry

윷놀이와 비슷하며 차례가 오면 카드를 한 장씩 뽑아 지시대로 말을 움직이는데, 자신이 선택한 색깔의 말 4개가 모두 홈으로 들어오면 이긴다. 슬라이드 존에 도착하면 말을 몇 칸 훌쩍 앞으로 움직일 수 있고, 쏘리 카드가 나오면 앞에 있는 상대편의 말을 툭! 치면서 "미안!" 하고 출발선으로 다시 보내고, 그 자리를 대신 차지한다. 긴장감이 감도는 재미있는 게임이다.

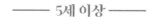

——— 5세 이상 ———

배틀쉽 Battle Ship

상대의 판을 보지 않고, 상대의 배가 어디 있는지 추측해서 먼저 전부 침몰시키는 사람이 이긴다. 자기 배는 밑판에 셋업하고, 상대의 배가 있을 법한 위치를 A5, C8 등으로 불러가며, 맞혔는지 못 맞혔는지를 흰

색/빨간색 다트로 윗판에 표시해 나간다. 시간이 어찌 가는지 모를 정
도로 재미있고, 아이들 집중력 향상에도 도움이 된다.

체커스 Checkers

체스판과 같은 판을 사용하고, 규칙이 간단하다. 대각선으로 한 칸씩만
이동해가며 상대방의 게임 말을 모두 잡거나 상대 말을 움직이지 못하
게 하면 이긴다. 간단하지만 어느 정도 전략도 필요한 게임이다.

체스 Chess

보드게임의 원조. 체스 보드는 64개의 체크무늬 타일로 이루어져 있고,
게임 방식은 반대편 플레이어로부터 퀸을 보호하는 것이다. 모든 말이
각자 움직이는 방식이 있고, 보통 만 5세는 되어야 게임의 규칙을 정확
히 이해할 수 있다. 미키마우스, 슈퍼마리오 같이 아이가 좋아하는 캐릭
터로 만든 체스를 구입하면 좋다.

스크래블 Scrabble

영어 알파벳이 적힌 타일로 가로, 세로로 단어를 만들면 점수를 얻는 게
임. 무작위로 뽑은 7개의 타일을 이용해 단어를 만들어야 하기 때문에
운도 따라야 한다. 1948년 발매 이후 전 세계적으로 1억 개 이상 판매되
었다고 한다. 게임을 통해 어휘력 향상을 꾀하는 교육효과도 있다.

제발 숙제가 무엇인지 묻지 마세요

코로나19로 인해 큰아이는 공립학교 첫 시작을 인터넷 수업인 줌Zoom으로 시작했다. 한참 지난 뒤에야 처음으로 선생님과 인터넷상이 아닌 실제로 만나 면담도 하고 학교 시설을 둘러볼 수 있었는데, 학기가 시작되고 백투스쿨 나잇Back-to-School Night: 새학년이 시작되면서 부모가 학교를 방문하여 선생님과 처음 만나는 자리에 학교를 찾아갔다.

교실 안의 책상과 의자가 다 너무 작아서 내가 마치 『걸리버 여행기』에 나오는 거인 걸리버가 된 것 같은 기분이 들 정도였다. 이 공간에서 하루 6시간을 보내는 아이의 모습을 떠올려보며 미소가 지어지기도 했다. 학부모들이 모두 모이고, 담임선생님이 앞으로 일 년 동안 아이들이 어떤 것을 배울지 발표한 다음 질의응답 시간을 가졌다. 마지막으로 부모님들께 당부하고 싶다는 말이 있다며, 학기 중에 가족 여행을 가게 되어 학교에 못 오는 경우 "제발 숙제가 무엇인지 묻지 말아주세요."라고 하는 것이었다.

여행을 가면 여행지의 지도, 문화, 역사, 그곳에 얽힌 이야기, 새로 맛보는 음식 등 배울 것도 많고 읽을거리도 많을 텐데 학교 숙제까지 챙기지 말라는 말이었다. 여행에서 돌아오면 그동안 밀린 교과는 선생님이 알아서 지도할 테니 여행을 마음껏 즐기고 오라고.

이 말을 듣는 부모들의 얼굴에 모두 웃음이 번졌다. 나도 아이가 학교에 못 가면 선생님께 이메일을 보내 숙제가 있으면 알려달라고 했기 때문에 다른 학부모들도 다들 그랬으리라. 그래서 선생님은 학기 초부터 아예 숙제를 묻지 말라는 쿨한 메시지를 전달하신 것이다.

맞는 말이다. 여행을 가면 새로 마주하는 풍경 앞에서 볼거리, 읽을 거리, 느낄 거리가 많기에 호텔 방에 들어가면 편히 쉬고, 내일을 기대하며 잠드는 게 좋다. 아이가 여행 가서 학교 숙제를 해야 한다면 어른이 노트북을 가져가서 업무를 보는 것과 같은 이치리라.

여행은 여행답게 즐기고, 학교에 가서는 열심히 공부하라는 것!

우리 아이가 멋진 선생님을 만났구나. 학교에서 이런 삶의 지혜를 배우는 게 공부 못지않게 중요하다고 나는 생각한다. 덕분에 나도 여행의 의미에 대해, 휴식의 중요성에 대해 다시 한 번 깨닫게 되었다.

You are special!
자존감, 스스로를
믿는 마음

세상에 단 한 명도 나와 똑같은 사람이 없다. 모든 사람이 가진 능력이 다르고, 모두 다 '특별'하다. 지금은 우리도 '특별'한 것을 좋은 가치로 인정해주는 분위기이지만, 예전에는 남과 다른 특별한 것은 뭔가 잘못된 것으로 보려고 했다. '모난 돌이 정 맞는다'라는 속담처럼 남보다 튀는 것을 경계했다. 하지만 모난 돌은 모난 대로 쓰임새가 있는 법이다.

워낙 다양한 민족이 모여 함께 사는 미국에서는 너무나 자연스럽게도 '다름'을 그저 '나와는 다름', 혹은 '특별한' 정도로 받아들인다. 각자가 가진 개성인 '모난 돌'을 굳이 둥글게 만들려고 정질을 하지는 않는다. 그래서 아이가 다른 아이보다 학습적인 부분에서 조금 느려도 'Special'(특별) 교육을 조금 더 받으면 될 뿐이지, 다른 아이처럼 왜 못하느냐고 비교하면서 아이에게 스트레스를 주고, 억지로 공부시키지는 않는다.

이웃에 사는 아이가 약간의 자폐 증상이 있어서 다른 아이와는 조금은 다른 특별한 교육이 필요한 아이였다는 사실을 뒤늦게 아이 엄마가 이야기해주어서 알게 되었다. 내가 보기에는 지극히 정상적이고 일상생활에서도 문제가 없는 아이였다. 다만 학습적인 부분에 있어서는 조금 다른 방식으로 접근해야 해서 학교에서 이 아이를 위한 특별 수업을 진행해 준다는 것이었다. 그리고 그런 사실에 대해 그 아이도 부모도 전혀 부끄럽게 생각하거나 숨기려고 하지 않는 게 일반적인 사회 분위기이다.

많은 그림책에서 강조하는 내용도 'You are special.' 다시 말해 '너는 매우 특별하단다.'이다. 이 세상에 하나뿐인 자신은 매우 소중한 존재라는 사실을 아이에게 끊임없이 상기시켜준다. 그리고 이는 아이의 높은 자존감으로 연결된다.

내가 어렸을 때만 해도 '자신감'이라는 단어는 많이 들어봤어도 '자존감'이라는 단어는 들어본 적이 거의 없었다. 하지만 지금은 그 어느 때보다도 '자존감'에 대해 많이 이야기한다. 자존감이 낮은 사람이 사회생활을 할 때의 불리한 점, 자존감이 낮은 부모가 아이를 어떻게 잘못 키우게 되는지, 또 자존감이 낮은 아이가 얼마나 위축된 자화상을 갖게 되는지 등을 강조한다.

자존감의 사전적인 의미는 자신이 사랑받을 만한 가치가 있는 소중한 존재이고, 어떤 성과를 이루어 낼 만한 유능한 사람이라고 믿는 마음이라고 한다. 다시 말해 자신을 믿는 마음인 것이다. 나는 우리 아이들이 살면서 어떤 시련을 겪더라도 다시 일어설 수 있도록 자신을 믿는 단단한 마음을 심어주고 싶다. 누군가가 원하는 삶이 아닌 내가 원하는 삶을 용기있게 살고, '나로서의 나'를 잃지 않고 말이다.

우리 모두는 사랑받을 가치가 충분히 있는 소중한 존재이므로.

> Every time you state what you want or believe,
> you are the first to hear it. It's a message to both you and others
> about what you think is possible. Don't put a ceiling on yourself.
>
> – Oprah Winfrey –
>
> 당신이 바라거나 믿는 바를 말할 때마다,
> 그것을 가장 먼저 듣는 사람은 당신이다. 그것은 당신이 가능하다고
> 믿는 것에 대해 당신과 다른 사람 모두를 향한 메시지다.
> 스스로에 한계를 두지 마라.
>
> – 오프라 윈프리 | 미국의 방송인 –

책을 좋아하는 아이로 키우는 다섯 가지 방법

꼭 공부를 잘하기 위해서뿐 아니라 우리가 살아가는 데 독해능력이 얼마나 중요한지는 새삼 강조할 필요가 없을 것이다. 그래서 대부분의 부모들은 아이가 책을 좋아하고 많이 읽었으면 하는 바람을 가지고 있다. 하지만 책을 아무리 많이 책장에 꽂아놓는다고 한들 아이가 관심이 없으면 그만이다. 이걸 억지로 읽히려고 하다가 아이가 책을 더 멀리하게 되는 경우도 많다. 나는 아이가 책을 재미있어 하고 좋아하게 만들기 위해 이런 노력을 했다.

책을 좋아하는 아이로 키우는 5가지 방법

1. 책을 읽어달라고 하면 무조건! 재미있게! 읽어준다.

2. 매일 밤 자기 전에는 꼭! 책을 읽어준다.

3. 아이가 좋아할 법한 책을 집안 곳곳에 세워둔다.

4. 사달라는 책은 다 사준다.

5. 도서관에 같이 가서 책을 왕창 빌려온다.

좀 더 자세히 설명하면 이렇다.

1. 책을 읽어달라고 하면 무조건! 재미있게! 읽어준다.

막내 젖을 먹이고 있으면 두 아이가 책을 들고 옆에 와서 읽어달라고 한다. 아이에게 책을 한 장씩 넘기라고 하고 재미있게 읽어준다. 캐릭터에 따라 목소리도 바꾸고 웃는 표정, 놀란 표정 등 다양하게 지어가며 읽어준다.

큰아이는 아침에 일찍 일어나면 책을 들고 내 옆으로 와서 읽어달라고 한다. 평일에는 아침 식사준비를 해야 하니 두 챕터만 재미있게 읽어준다. 주말에는 같이 누워서 실컷 읽어준다. 그러다 보면 둘째 아이도 깨어서 옆에 찰싹 붙어서 같이 듣는다. 나는 이렇게 침대에서 아이들과 같이 책 읽는 시간이 참 좋다. 아이들에게도 엄마와 함께 책을 읽은 이 따뜻한 기억이 오래 남을 것이다.

2. 매일 밤 자기 전에는 꼭! 책을 읽어준다.

우리 집 아이들은 밤에 잠들기 전 꼭 책을 읽어달라고 한다. 둘째가 태어나기 전에는 매일 내가 큰아이한테 책을 읽어주고 재웠다. 둘째가 태어나고 책을 읽어줘야 할 때가 되면서부터 남편은 큰아이에게 책을 읽어주며 재우고, 나는 둘째 아이에게 책을 읽어준다.

나는 잔잔한 스토리의 책을 골라 조용하게 읽어주면서 굿나잇!을 연발한다. 반면, 다른 방에서 큰아이에게 책 읽어주는 남편은 애를 재우겠다는 건지, 같이 노는 건지 분간이 안 될 정도로 큰소리로 떠들썩하게 읽어준다. 아이가 깔깔거리며 웃는 소리에 옆방에 있는 막둥이가 깰까봐 조마조마하면서도 어떤 책을 읽어주는지 궁금해서 가서 물어볼 때도 있다.

3. 아이가 좋아할 법한 책을 집 바닥 곳곳에 세워둔다.

매일 집 정리를 하면서 집안 곳곳에 세워둘 책을 큐레이션 한다. 책장에 꽂혀 있으면 아무래도 아이들이 꺼내 읽는 게 쉽지 않기 때문에 책을 끄집어내서 몇 권씩 여기저기 세워두는 것이다. 계단 옆, 소파, 침대 옆 등 가리지 않고 세워둔다. 아이가 오며 가며 놀다가 '앗? 이런 책이 있었나?' 하면서 집어 들고 볼 때도 있고, 읽어달라고 가져오기도 한다. 나는 천연덕스럽게 "우와 이런 흥미로운 책이 우리 집에 있었네!" 하고 읽어준다.

4. 사달라는 책은 다 사준다.

큰아이는 오래전부터 포켓몬에 꽂혀서 800개가 넘는 포켓몬 이름을 줄줄이 외우고 이들이 어떻게 진화하는지 엄마한테 가르쳐준다. 아이는 포켓몬 관련 책도 여러 권 가지고 있는데, 열심히 읽고 그걸 글로 정리한다. 포켓몬 덕에 읽기, 쓰기, 암기, 심지어 연산 능력이 느는 게 사실이다. 큰아이가 초등학교에 다니면서부터는 사달라고 하는 책은 거의 다 사준다. 도서관에서 빌려온 책 중에서도 아이가 갖고 싶다는 책이 있으면 주문해서 사준다. 아이들은 자신이 직접 고른 책은 다 읽든 안 읽든 더 애착을 가지게 마련이다.

5. 도서관에 같이 가서 책을 왕창 빌려온다.

미국 도서관은 한 번에 빌릴 수 있는 책의 권수가 무려 99권이다. 그래서 갈 때마다 유모차에 한가득 싣고 온다. 보통 30~40권씩 빌려오는데 그렇게 행복할 수가 없다. 이처럼 책과 조금씩 가까워지는 과정을 통해 아이들이 자연스레 책을 좋아하는 사람으로 성장하리라 믿는다.

If you want your children to be intelligent, read them fairy tales.
If you want them to be more intelligent, read them more fairy tales.

– Albert Einstein –

만약 당신의 자녀가 똑똑해지길 원한다면 동화책을 읽어주어라.
만약 당신의 자녀가 더욱 똑똑해지길 바란다면 더 많은 동화책을 읽어주어라.
– 알버트 아인슈타인 | 독일 출신 물리학자 –

존재 자체로
자랑스러운 아들, 딸

몇 해 전 실수로 고등학교 때부터 사용해온 오래된 이메일 계정의 메일 전체를 삭제해 버린 적이 있다. '쓰레기통'으로 들어간 메일을 하나씩 클릭해서 복구해야 했고, 전체를 한 번에 복구하는 것은 불가능했다. 그래서 20년 전부터 주고받은 이메일 가운데 보관하고 싶은 이메일을 찾아 샅샅이 뒤지게 되었다. 스트레스 받고 시간이 걸리는 작업이었지만, 뜻밖의 기분 좋은 발견도 많이 하게 되어 나중에는 오히려 잘된 일이라는 생각이 들었다.

그중에서 아빠의 메일은 너무 감동적이어서 읽으면서 눈물이 핑 돌았다. 매주 내가 쓴 요리 칼럼을 첨삭해주시면서 답장 메일을 보내실 때 나를 부르는 수식어가 달랐다. 그런데 그 수식어는 그냥 붙인 게 아니라 그 주에 전화 통화하면서 내가 털어놓은 고민이나 앞으로의 계획에 용기를 주고, 격려하기 위해 그러신 거라는 사실을 뒤늦게 알게 된 것이다. 당시에는 그저 피식 웃어넘겼겠지만, 은근히 그에 부합하는 사람이 되기 위해 더 열심히 한 것도 사실이다. 아빠가 나에게 보낸 메일의 문구는 늘 이렇게 다양한 문구로 시작되었다.

자랑스러운 나의 딸 민진이에게,

아부지를 부지런하게 만드는 워싱턴 딸에게,

요리 연구가로 변신한 나의 딸에게,

말썽 여사에게,

정말 대단한 나의 딸 민진에게,

보고 싶은 나의 딸 민진에게,

항상 새로운 것을 찾기 위해 노력하는 나의 딸 민진에게,

석민진 작가님,

끊임없이 무엇인가 해보려 하는 천하무적 나의 딸에게,

정말 용감한 나의 딸에게,

나의 사랑하는 딸에게,

나의 자랑스럽고 사랑스러운 딸에게,

매주 마감 시간 전에 원고를 신문사에 넘기느라 아빠가 보내주시는

첨삭된 원고를 다운로드 받기에 바빴다. 그래서 아빠가 나를 부르는 호칭을 이렇게 세심하게 신경 써서 달리 써주신 것을 눈치 채지 못했다. 뒤늦게 보석 같은 선물을 받은 기분이었다.

과하다 싶을 정도로 아이에게 칭찬을 많이 하는 미국 문화에서는 아이에게 가장 자주 하는 이야기가 "I am so proud of you."(나는 네가 정말 자랑스럽다)이다. 꼭 무슨 대단한 일을 해내서 자랑스러운 게 아니라, 작은 성취라도 응원하고 지지해주는 부모가 늘 옆에 있다는 확신을 주는 말이다. 이런 칭찬은 자녀에게 긍정적인 자아의식을 갖게 해줄 뿐만 아니라, 앞으로 더 큰 일을 해낼 수 있는 용기를 주는 역할을 한다.

상을 받고 나니 아이가 달라졌다

큰아이는 미국 초등학교 2학년에 다니는데 학교에서 내주는 숙제는 거의 없고 방학 숙제도 일체 없다. 학교에서 내주는 숙제라고 해봐야 그날 수학 시간에 배운 것을 복습하는 수학 연습지 한 장이 전부다. 학교 숙제가 너무 적은 것 같아 내가 따로 수학 문제집 한 장, 쓰기 연습하는 연습장 한 장을 추가해서 아이는 학교에서 돌아오면 이 세 장을 마쳐야 놀 수 있게 했다. 어릴 때부터 차분히 앉아서 꾸준히 무언가를 해낼 수 있는 엉덩이 근육을 키워줘야 할 것 같아 시킨 것이었다.

마음먹고 앉아서 하면 10분 안에 다 할 수 있는 아주 간단하고 쉬운 숙제임에도, 놀고 싶은 마음이 앞서서 이 세 장을 하는데 두 시간은 족히 걸린다. 계속 딴 짓을 하고, 장난을 친다. 그걸 지켜보는 것만으로도 진이 빠지는 경우가 많았다.

수학 문제집은 Day-1부터 Day-100까지 100쪽으로 구성되어 있는데, 아이가 하도 하기 싫은 얼굴을 하고 앉아 있으니 남편이 아이에게 보상을 해주면서 시키는 게 좋을 것 같다고 해서 20쪽을 끝낼 때마다 작은 선물을 주기도 하고, 갖은 방법을 다 써보았다. 그 중 가장 효과가 좋았던 것은 초시계를 켜놓고 "그 전날 기록을 깨자!"면서 게임을 하는 것이었다.

그렇게 숙제하기를 싫어하던 아이가 갑자기 돌변하게 된 계기가 있었으니, 그것은 바로 학교에서 'Marvelous Mathematician'(놀라운 수학자)이라는 상장을 받아오면서부터였다.

초등 1학년 생활을 하는 동안 아이는 모두 4개의 상장을 받아왔는데, 하나는 그달의 모범 학생에게 주는 'Star Student Award'(스타 학생), 또 하나는 책 읽기를 잘한다고 주는 'Remarkable Reader Award'(책을 아주 잘 읽는 학생), 또 하나는 로봇 만들기 프로젝트에서 잘했다고 'Being Determined Award'(의지력이 우수한 학생), 수학을 열심히 한다고 'Marvelous Mathematician Award'(놀라운 수학자)를 받았다. 담임선생님의 판단으로 무언가 잘하고 열심히 하면 이런 상장을 주는데, 상장은 한 달 간 전교생이 볼 수 있도록 교무실 앞 벽에 붙여둔다.

이런 상장의 긍정적 효과는 그야말로 대단하다. 어린아이에게는 어른들이 "너는 ○○를 참 잘하는구나."라고 반복적으로 이야기하면 정말 그런 줄 알고 더 열심히 하고, 그런 만큼 진짜 더 잘하게 된다. 난 큰아이에게 "너는 기억력이 참 좋구나"라는 말을 자주 했는데, 그래서 그런지 아이는 기억력 게임인 메모리 게임을 잘하고, 책과 영화에서 본 내용도 잘 기억한다. "어떻게 이런 생각을 했어? 진짜 크리에이티브하다!"라는 말도 자주 했더니, 만드는 것도 매우 잘하고 좋아한다. 수학 공부하기를 싫어하던 아이가 '놀라운 수학자' 상장을 받아오더니 갑자기 똑바로 앉아서 수학 연습지를 아무 불평 없이 진지하고 즐겁게 하기 시작했다.

아이에게 학습에 대한 동기부여를 하는 가장 효과적인 방법은 잘한다는 인정과 Marvelous, Remarkable, Being Determined와 같은 듣기만 해도 어깨가 으쓱해지는 멋진 단어들로 칭찬해주는 것이었음을 배웠다. 이에 관련해 블로그에 올린 내 글을 보고 한국의 현직 초등학교 선생님 여러 분이 좋은 아이디어라고 호응해 주셨다. 칭찬하려면 아이가 무엇을 잘했다고 결과를 칭찬하는 게 아니라 그것을 하는 과정에 대해 칭찬해주는 게 아이의 학습 동기부여에 도움이 되는 것 같다.

> You have brains in your head. You have feet in your shoes.
> You can steer yourself any direction you choose.
>
> – Dr. Seuss –
>
> 우리 머릿속에는 뇌가 있고 신발 속에는 발이 있다.
> 당신은 원하는 방향을 마음대로 정할 수 있다.
> – 닥터 수스 | 미국의 동화 작가, 만화가 –

부모의 시간을 먹고
자라는 아이들

아이들은 자기가 하는 말을 부모가 귀담아 듣는지, 자기와 함께 하는 이 시간을 즐거워하는지, 자기가 하는 웃기는 이야기를 정말 재미있어 하는지 아닌지 부모의 얼굴만 봐도 딱 안다.

하루에도 수백 번 "엄마"를 불러대는 아이는 엄마를 괴롭히려고 그러는 게 아니라 엄마를 너무너무 사랑해서 그러는 거다. 그런데 평소에는 수다쟁이인 엄마가 자기가 이야기만 꺼내면 중간에 말을 끊고, 오늘 숙제는 했느냐와 같은 것만 물어본다. 아이는 아빠가 퇴근해서 집에 오면 함께 이야기도 하고 신나게 같이 놀고 싶다. 그런데 아빠는 계속 휴대폰만 쳐다보고 있다.

아이들과 시간을 많이 못 보내는 것을 아쉬워하고 미안해하는 워킹맘들이 많다. 하지만 정말 중요한 것은 아이와 함께 보내는 시간의 양이 아니라 질이다. 단 15분이라도 아이가 원하는 놀이로 찐하게 놀아주면 아이는 부모와 온전히 함께한 이 시간을 너무도 포근하게 기억한다. 한 시간을 놀아도 놀이를 가장한 교육을 하거나, 건성으로 놀아준다면 아이는 부모가 자기와 놀아주지 않았다고 기억할 것이다.

'지금'이라는 소중한 시간을 오지 않을지도 모를 '미래'의 일로 미루지 않았으면 좋겠다. 조금 더디게 저녁 식사를 준비하게 되더라도, 지금 우리 아이가 나의 관심을 필요로 하면 온전한 관심을 쏟아 부어 주자. 아이가 떼를 쓰고 억지를 부리니까 어쩔 수 없이 함께하는 게 아니라, 아이의 요구에 즐거운 마음으로 응하고, 웃으며 함께 보내는 그런 시간. 아이가 이렇게 엄마랑 놀고 싶어 하는 것도 길어봐야 몇 년이겠나.

부모와 온전히 함께한 시간이 쌓이고 쌓여 어린 시절의 즐겁고 행복한 추억으로 아이의 뇌에 저장될 것이다. 이런 추억들이 살면서 겪게 될 숱한 시련과 외로움의 시간에 다시 용기를 북돋아 줄 큰 힘이 되어줄 것이다. 어렸을 적 부모의 완전한 지지와 사랑을 받은 이들은 위기의 순간에도 스트레스 지수가 낮고, 이를 극복해내는 힘 또한 강하다.

You may delay, but time will not.
- Benjamin Franklin -

당신은 지체할 수 있지만, 시간은 그렇지 않다.
- 벤저민 프랭클린 | 미국의 정치가 -

MJ'S JOYFUL KITCHEN

아이들과 재밌게 만드는

블루베리 소보로 머핀

Blueberry Crumble Muffins

동네에 큰 블루베리 농장이 있어서 매년 6월이면, 아이들과 블루베리를
따러 가는데 양이 많아 머핀을 꼭 굽게 된다. 보슬보슬 달콤한 소보로를 올려
구워서 더욱 맛있는 블루베리 소보로 머핀은 손거품기로 슥슥~섞어서
아이들과 함께 아주 쉽게 만들 수 있다.

블루베리 소보로 머핀

(12개용)

[소보로 재료]

버터 40g(차가운 상태)   아몬드가루 40g

설탕 30g   소금 ¼t

박력분 40g

[머핀재료]

계란 100g(실온상태)   바닐라 익스트랙 1t

설탕 120g   박력분 230g

소금 ½t   베이킹파우더 2t

플레인 요거트 240g   블루베리 200g

포도씨유 100g

How to make

1. 오븐을 190도로 예열하고 12구 머핀틀에 종이 머핀컵을 끼워 준비한다.

2. **소보로 만들기** | 사각팬 위에 설탕, 박력분, 아몬드가루를 체에 내린다. 냉장상태의 차가운 버터를 올려 가루를 입혀가며, 팥알 크기가 되도록 잘라준다. 날가루가 보이지 않고, 소보로 상태가 되면 사용 전까지 냉동실에 넣어둔다.

3. **머핀 만들기** | 볼에 계란을 넣고 손거품기로 저어준다. 설탕과 소금을 넣고 저어준 다음 플레인 요거트를 넣어 젓고, 바닐라 익스트랙과 포도씨유를 조금씩 넣어주며 섞는다. 박력분과 베이킹파우더를 체에 내려서 넣고 주걱으로 골고루 섞어준 다음 블루베리를 넣어 저어준다.

4. 쿠키스쿱으로 반죽을 떠서 준비한 머핀팬에 3/4 정도 차도록 담고, 냉동해두었던 소보로를 꺼내어 윗면에 가득 올려준다.

5. 예열된 오븐에 넣고 18~20분간 구워준 다음 식힘망 위에 올려 완전히 식힌다.

행복레시피
06

100% 맛 보장

바나나 브레드

Banana Bread

그냥 먹기에는 너무 익었는데? 싶을 정도의 까만 점이 잔뜩 박힌
바나나를 보면 늘 기분이 좋다. 세상에서 제일 맛있는 바나나 브레드를
구울 수 있다는 신호이므로. 이 바나나 브레드를 만들기 시작한 것을 계기로
베이킹을 시작했다는 사람이 많을 정도로 100% 맛 보장하는
바나나 브레드 레시피이다. 집에 잘 익은 바나나가 있다면 꼭 만들어 보시길!

• • •
바나나 브레드
(20 × 10cm 파운드 틀 1개)

잘 익은 바나나 3개(330g)   중력분 210g

토핑용 바나나 1개   베이킹소다 1t

플레인 요거트 2T   계핏가루 ½t

바닐라 익스트랙 1t   소금 ½t

계란 100g(실온 상태)   다진호두 46g

황설탕 150g   건포도 46g

포도씨유 100g

※ 호두는 160도 오븐에 10분 구운 후 다져서 준비한다.

How to make

1. 오븐을 170도로 예열하고, 파운드 틀에 종이 호일을 깔아 준비한다.

2. 믹싱볼에 바나나 3개를 포크로 으깨어 준 다음 플레인 요거트와 바닐라 익
   스트랙을 넣어 섞어둔다.

3. 다른 볼에 계란을 넣고 핸드믹서로 부드럽게 풀어준 후, 설탕을 넣고 중속
   으로 2~3분간 믹싱한다. 포도씨유를 조금씩 넣으며 섞고, 2의 으깬 바나
   나, 요거트, 바닐라 익스트랙을 넣어 섞는다. 가루재료(중력분, 베이킹소다,
   계핏가루, 소금)을 체에 내려서 주걱으로 섞는다. 다진 호두와 건포도를 넣
   어 날가루가 보이지 않을 때까지 섞는다.

4. 틀에 반죽을 담고, 윗면에 토핑용 바나나 한 개를 길이로 반을 잘라 올려준
   다음 예열된 오븐에 넣고 60~65분간 굽는다.(가운데 부분에 이쑤시개를 찔러
   보아 반죽이 묻어나오지 않으면 다 구워진 것)

5. 식힘망 위에 올려 완전히 식혀준 다음 자른다.

건강한 수제 간식

미니 찹쌀 파이

—

Mini Sweet Rice Pie

쫀득한 떡의 식감을 외국인들은 싫어한다고 생각했는데,
막내 백일잔치에 만들어 냈던 미니 찹쌀 파이로 그 편견이 깨졌다.
이제 외국인 친구들도 쫀득한 식감을 흥미롭게 생각하며 즐긴다. 고운 색의
천연 가루(쑥가루, 자색고구마가루, 단호박가루 등)가 많이 판매되니,
다양한 맛과 색감의 미니 찹쌀 파이를 만들 수 있다.
선물용으로도 좋고 백일잔치나 돌잔치 때 상에 올려도 좋다.

미니 찹쌀 파이

(24개용)

Ingredients

계란 50g(실온상태)

설탕 46g

포도씨유 1T

생크림 46g

우유 1T

습식 찹쌀가루 270g

베이킹파우더 ½t

코코아가루 1t

자색고구마가루 1t

쑥가루 1t

견과류(피칸, 아몬드, 호박씨 등)

How to make

1. 오븐을 180도로 예열하고, 미니 머핀틀에 얇게 버터칠을 한다.

2. 볼에 계란을 넣고 손 거품기로 풀어준 다음 설탕을 넣어 섞고, 포도씨유를 조금씩 넣으며 섞는다. 찹쌀가루, 베이킹파우더를 체에 내려서 넣고 주걱으로 섞어준 다음 생크림, 우유를 넣어 섞는다.

3. 반죽을 세개의 볼에 나눠 담고 각각 코코아가루, 쑥가루, 자색고구마가루를 넣어 섞어준 후 짤주머니에 담는다.

4. 미니 머핀틀에 2/3가 차도록 반죽을 짜서 담아준 다음 윗면에 견과류(피칸, 아몬드, 호박씨...)를 올려준다. 예열된 오븐에 넣고 15분 구운 후 바로 식힘망 위에 올려 완전히 식힌다.

스콘은 이제 사먹지 마세요~

얼그레이 스콘

—

Earl Grey Scone

매력이 넘치는 스콘 중에 향긋한 얼그레이 향을 그대로 품은
얼그레이 스콘 만드는 법을 소개한다. 특별한 베이킹 도구 없이 쉽게 만들 수 있다.
그냥 먹어도 맛있지만, 얼그레이 글레이즈를 발라 먹으면
달콤한 밀크티를 한잔 마시는 것 같은 느낌이 든다.

얼그레이 스콘

(스콘 5개용)

Ingredients

[가루재료]

박력분 110g	설탕 20g	버터 40g(냉장 상태)
베이킹파우더 1t	얼그레이 티 2g	소금 ¼t

[액체재료]

생크림 45g	계란 25g
플레인 요거트 10g	오렌지 필 20g

How to make

1. 볼에 액체 재료(생크림, 플레인 요거트, 계란)를 모두 섞어 준다.

2. 작업대에 가루 재료인 박력분, 베이킹파우더, 설탕, 얼그레이 티, 소금을 모두 체 친 다음, 조각낸 버터를 올려 스크레이퍼로 팥알 크기가 되도록 밀 가루를 입혀가며 잘라준다. 직사각형 모양으로 가루를 모은 다음 가운데 부분에 구멍을 낸 후, 섞어 둔 액체 재료를 넣는다. 가운데 부분부터 스크레이퍼로 섞어주다가 50% 정도 섞이면, 잘게 다진 오렌지필을 넣어 날가루가 보이지 않을 정도로만 섞는다. 반죽에 랩을 씌워 30분 정도 냉장해둔다.

3. 스콘을 구울 준비가 되면, 오븐을 180도로 예열하고, 베이킹 팬 위에 테프론시트를 깔아준다.

4. 냉장해 둔 반죽을 5등분 한 다음 옆면을 살짝 눌러 모양을 잡고 베이킹 팬 위에 간격을 두고 올려준다. 윗면에 생크림을 바르고 예열된 오븐에 넣어 15~20분 구운 뒤 완전히 식혀 얼그레이 글레이즈를 윗면에 발라 완성한다.

• 스콘은 모든 재료를 냉장 상태에서 꺼내 작업하면 바삭한 식감으로 만들 수 있다.

• **얼그레이 글레이즈 만드는 법**
  1. 밀크티 만들기 | 냄비에 우유 100g과 얼그레이 티 1g을 넣은 다음 한번 끓여준 후 식힌다.
  2. 밀크티 15g에 슈가파우더 75g을 넣어 섞는다.

아이도 엄마도 즐거운
육아 레시피

'한국 엄마'와
'미국 엄마'의
차이

첫아이를 임신했을 때 인터넷에서 '한국 엄마와 미국 엄마의 차이'에 관한 글을 읽은 적이 있다. 아이가 놀다가 실수로 화병을 깨뜨렸을 때 한국 엄마는 "그러니까 조심하라고 했지!" "아이고, 내가 너 그럴 줄 알았다."라는 식으로 아이의 행동에 대해 비난부터 한다. 이에 반해 미국 엄마는 "Are you okay?"(다치지 않았니?)라며 아이가 괜찮은지 우선 살펴본다고 했다.

과장된 면이 없잖아 있겠고, 한국 엄마라고 모두 그런 것은 아니고, 미국 엄마라고 해서 다 그렇지도 않을 것이다. 그래도 그 글을 읽고 나는 무슨 일이 있더라도 "Are you okay?"라고 먼저 물어봐 주는 엄마가 되어야겠다고 결심했던 기억이 난다. 아무리 내가 아끼는 무언가가 아이의 실수로 망가졌다고 하더라도(그건 이미 벌어진 어쩔 수 없는 일이니) 혹시나 다쳤을지 모를 몸을 먼저 살펴봐 주고, 놀랐을 아이의 마음을 보듬어준 다음 주의시켜도 늦지 않다고.

몇 년 전 아이를 뒷좌석에 태우고 버지니아에 사는 친구 집에 놀러가는 고속도로에서 저 멀리 3차선에서 내가 운전하고 있던 1차선으로 돌진해 온 차에 받혀 심한 교통사고를 당한 적이 있었다. 부주의한 다른 운전자의 탓이었고, 그 운전자의 차는 가드레일을 들이박고 전복되고 내 차는 폐차되었다. 다행히 인명 피해는 없었지만 그날 사고 이후 어떤 일이 일어나도 '사람만 다치지 않았으면' 별로 개의치 않게 되었다. 죽을 뻔한 상황에서 기적처럼 살아난 사람들이 삶을 더 끌어안듯이.

세 아이를 키우면서 "I love you." 다음으로 내가 제일 많이 한 말은 아마 "Are you okay?"(괜찮아?)였을 것이다. 자신의 한계를 모르고 위험한 행동을 곧잘 하는 어린아이들이다 보니 엎지르고 쏟고, 부서지고 부러뜨리는 일이 부지기수다. 예기치 않은 소리가 나면 달려가서 "Are you okay?"라고 묻다 보니 아이들은 이제 내가 묻기도 전에 "I am okay!"라고 큰 소리로 외치고 스스로 알아서 뒷수습을 한다. 반대로 내가 설거지하다가 그릇이 탕! 하며 떨어지는 소리를 내거나, 걸어가다가 식탁 모서리 같은 곳에 부딪혀서 나도 모르게 "아야 야야~"라고 앓는 소리를 내면 아이들이 쏜살같이 달려와 묻는다. "엄마, Are you okay?"

그리고, 이렇게 서로서로 보듬어주고 있다는 이 사실이 그렇게 따뜻하고 좋을 수가 없다. 사람보다 중요한 것은 없다. 무엇이 진짜 중요한지 매일 깨닫게 하는 그 한마디. Are you okay?

미국에서 찾은 행복

결혼하고 미국에서 산 지 십수 년이 되었다. 겉으로 보기에는 한국인처럼 생긴, 미국에서 한국인 부모 사이에서 태어난 영어로 생각하고 말하는 미국인(흔히, 재미교포라고 불리죠)과 결혼했는데, 사고방식 자체가 내가 살아온 한국에서와 다른 부분이 많아 초기에는 언어 장벽은 물론이고 문화적 차이를 크게 느꼈다.

하지만 이제는 남편도 나보고 "이제 미국 사람이 다 됐네!"라고 할 정도가 됐다. 미국의 좋은 문화는 받아들이고, 영어도 이제 외국어라기보다는 나의 또 다른 언어가 된 느낌이다. 이야기를 나누다가 모르는 단어가 나오면 부끄러워하지 않고 재차 물어보고, 그래도 모르면 스펠링으로 불러달라고 하는 것도 서슴지 않는다. 알아들은 척하다가 낭패를 당하는 것보다는 훨씬 낫다.

한국과 달리 미국에서는 나이 지긋한 할머니 할아버지들도 어디 갈 때 손을 꼭 잡고 다니고, 서로를 바라보는 눈빛에서 사랑과 애정이 듬뿍 느껴지는 경우가 많다. 그 모습이 참 좋아 보였다. '그 차이가 무엇일까?'에 대해 많이 생각해 봤는데 영어라는 쉽고 단순한 언어, 그리고 아무리 사소한 상황에서도 말로 상대에게 감사, 위로, 사랑을 마음껏 표현하는 문화에서 비롯된 것이라는 게 내가 내린 결론이다. 하루에도 이렇게 자주 "사랑해", "고마워"와 같은 말을 서로에게 하며 지내는 문화가 나는 참 좋다.

이제는 나도 처음 만나는 사람에게 따뜻하게 인사를 먼저 건네고, 가족에게 사랑을 적극적으로 표현하고, 감사와 사과도 제때 하며, 원하는 바를 빙빙 둘러대지 않고 어느 정도 내 생각을 똑 부러지게 표현할 줄도 알게 되었다. 하지만 십여 년 전의 나는 전혀 그렇지 못했다. 그리고 이러한 변화를 통해 내가 더 행복한 사람이 되었음은 물론이다.

행복이 별것이겠나. 하루하루 누군가에게 사랑을 표현하고, 나도 사랑받고 있다는 느낌을 자주자주 주고받는 것, 이것이 나는 행복함의 척도라고 생각한다. 그 행복을 위해서 우리는 마음속에 있는 생각을 지금보다 '더 많이' '자주' '적절하게' 표현해야 하지 않을까.

Think good and good follows. Think evil and evil follows.

− Joseph Murphy −

좋은 일을 생각하면 좋은 일이 생긴다. 나쁜 일을 생각하면 나쁜 일이 생긴다.

− 조셉 머피 | 아일랜드 작가 −

대통령이 보내주는
탄생 축하카드

     미국 현직 대통령이 백악관에서 보낸 아이의 탄생 축하카드를 받았다. 아이를 출산했다고 자동으로 카드가 집으로 오는 것은 아니고, 백악관 홈페이지에 있는 이벤트 담당 부서에 직접 신청해야 받을 수 있다(https://www.whitehouse.gov/presidential-greeting/). 이 사실을 진작부터 어디선가 전해 듣고 아이를 낳을 때마다 신청해서 총 세 번의 탄생 축하카드를 받았는데, 이 작은 카드 한 장이 은근히 설레고 좋은 기분을 선사한다.

    신청한 후 카드가 언제 도착할지 몰라 매일 우체통을 확인하면서 '혹시 오늘 카드가 왔을까?' 하고 설레게 된다. 누군가가 반가운 편지를 보내올 것을 알고 있으면 편지가 도착하기 전부터 이미 행복해진다. 그래서 나는 백악관의 이 이벤트 담당 부서를 '행복증진부'라고 이름 붙이고 싶다.

백악관 홈페이지의 이벤트 담당 부서에 들어가면 아이의 탄생 축하 카드뿐 아니라 각종 의미 있는 삶의 나날들을 축하해주는 카드를 신청할 수 있는데 탄생, 조의, 생일, 입양, 결혼기념일, 졸업, 은퇴 등이 포함된다. 물론 국민의 세금으로 운영되고, 경제적인 효과보다는 국민의 행복지수를 높이기 위한 서비스일 것이다. 한국에도 국민의 행복 증진을 위해 일하는 이런 부서가 있으면 좋을 것 같다는 생각이 들었다.

첫 아이를 2015년에 출산해서 버락 오바마 대통령에게서 축하카드를 받았고, 둘째 아이는 2018년에 출산해서 도널드 트럼프 대통령에게 받았으며, 셋째 아이는 2021년에 출산해 조 바이든 대통령에게 탄생 축하카드를 받았으니, 세 아이 모두 다른 세 명의 대통령에게 각각 카드를 전해 받은 것이다.

빳빳한 종이에 아이의 이름과 탄생을 축하하는 메시지와 함께 대통령의 사인이 인쇄되어 백악관에서 직접 보내온 카드라 더욱 특별한 느낌이 든다. 아이가 커서 이 카드를 보게 되면 좋은 추억이 될 것 같아 잘 보관해 두었다. 출산율은 계속 떨어지고 있다는데, 소중한 아이 한 명 한 명의 탄생을 정부에서 축하하고, 축복해주는 문화가 자리 잡으면 '우리의 삶이 좀 더 행복에 가까워지지 않을까?' 하는 생각을 해본다.

'노키즈 존'
아니고
'어덜트 온리 존'

　　한국에 갔을 때 식당이나 카페 문 앞에 노키즈 존No Kids Zone이라고 적힌 것을 보고 당혹스러웠던 적이 있다. 아이들은 아예 들어오지 못한다는 차별의 언어를 대수롭지 않게 문 앞에 붙여놓은 것이다. 누구나 일상적으로 들락날락할 수 있는 이곳에 아이가 들어가면 왜 안 되는지 이해할 수 없었다.

　　글을 읽을 줄 아는 아이가 식당 문 앞에서 이 글을 마주한다면 어떤 기분이 들지 잠시 생각해봤다. '어린이 출입 금지'라니. 나이가 어리고 키가 작기 때문에 못 들어간다고? 카지노에 들어가는 것도 아니고, 위험한 놀이기구를 타겠다는 것도 아니고, 고급 식기가 가득하고 조용한 식사를 원하는 사람들이 모인 파인 다이닝 전문식당도 아니고, 부모 따라 맛있는 음식을 먹으러 간 것뿐인데 어린이라는 이유로 들어가지 못한다고? 어린이 입장에서 이 글을 마주하니 괜히 뿔이 났다.

'나이 때문에 배척당하고 차별당한 경험이 있는 아이들이 자라서 진정한 화합의 언어를 구사할 수 있을까?'라는 생각까지 했다면 내가 너무 과한 것일까? 아니다. '노키즈 존'이라는 단어 자체가 잘못되었다. 노No라는 부정어를 앞에 쓰고, 아이의 입장은 하나도 고려하지 않은 그 용어 자체가 잘못이다.

어린이 출입금지를 굳이 영어로 노키즈 존이라고 이름을 붙인 것 같은데, 나는 미국에 살면서 단 한 번도 노키즈 존이라는 용어를 본 적도 들어본 적도 없다. 간혹 어덜트 온리Adult Only: 어른만 출입 가능함라고 적힌 것은 봤지만 노키즈 존이라는 말은 없다. 같은 취지이지만 둘의 어감은 전혀 다르다.

미국에서는 식당에 가면 어린이를 위한 키즈 메뉴Kids Menu가 따로 있는 경우가 많고, 키즈 메뉴는 보통 어른이 먹는 양의 반 정도 되며 가격도 저렴하다. 또한 아이들이 식당에서 음식을 기다리면서 지루해 하지 않도록 색칠 공부나 낱말 퍼즐 등을 할 수 있는 종이와 색연필을 무료로 나누어 준다. 이런 작은 배려에는 '어린이 손님은 아예 받지 않는다.'가 아니라, '어린이 손님도 얼마든지 환영하니 와서 맛있고 즐거운 식사를 하고 가세요.'라는 메시지의 차이가 읽힌다.

마침 서울에도 아이들을 데리고 편하게 갈 수 있는 '서울 키즈오케이 존'Kids OK Zone 가게가 늘고 있다는 기분 좋은 소식이 들려온다.

인사, 서로의 안부를
물어주는
따뜻한 한마디

미국에는 산후조리원이 없기에 아이를 낳고 건강에 별 이상이 없으면 병원에서 하루 이틀 있다가 바로 퇴원한다. 집으로 가서 각자 알아서 산후조리하고 아이를 키워야 한다. 첫 아이를 낳았을 때는 모르는 것도 많고, 아이는 밤잠을 잘 안 자고, 덩달아 나도 못 자고, 몸과 마음이 만신창이가 되었다.

출산 6주 후 산부인과에 정기검진을 갔는데 진료실에 들어온 의사가 정말 따뜻한 눈빛과 말투로 "How are you?"라고 물었다. 나는 그 인사에 답도 하기 전에 폭포 같은 눈물을 쏟고 말았다. 평소에 수도 없이 주고받는 그 "How are you?"라는 인사가 그날따라 나의 안위를 물어주는 따뜻한 말로 다가와 속절없이 펑펑 울었다. 의사가 꼭 안아주며 말했다.

"괜찮다고. 잘하고 있다고."

미국에서는 아무리 바빠도 다짜고짜 용건부터 꺼내지 않고 우선 "Hi"

나 "Hello", "Good Morning"이라고 인사부터 하고, 이어서 "How are you?"라며 오늘 기분이 어떤지 안부를 묻는다. 그런 다음 본론을 이야기한다. 아는 사람들끼리만 하는 인사가 아니라, 지나가다 처음 만나는 사람들과도 이렇게 인사를 나눈다. 눈이 마주치면 일단 인사를 한다.

"오늘 기분이 어때요?" "요즘 잘 지내요?" 처럼 건강이나 기분을 포괄적으로 묻는 인사이다. 부부는 물론이고 부모 자식 간에도 매일 같이 안부를 묻고 답한다. 남편이 퇴근하면 과장된 표정과 몸동작을 더해 이렇게 인사한다. "Welcome home! How was your day?"라고. 상대는 나의 하루를 궁금해 하고 나는 상대의 하루를 궁금해 주는 것이다.

바쁘게 지내다 보면 문득 '그 친구는 요즘 어떻게 지내고 있을까?' 라며 지인들의 소식이 궁금해질 때가 있다. 그러면 바로 문자를 보낸다. 그냥 문득 생각나서 연락하노라고. 잘 지내고 있느냐고. 그러면 열이면 열, 다들 너무나 반가워하며 서로 안부를 주고받는다. 누군가의 안위를 묻기에 엉뚱한 때란 없다.

그러니 지금 생각나는 사람이 있다면 바로 문자나 전화를 걸어보자. "How are you?"라고. 어떤 사람은 그 한마디가 절실히 필요했을 수도 있다. 누군가가 내게 그랬던 것처럼.

내가 잘 지내고 있는지 궁금해 하는 사람이 한 명이라도 있다는 사실에 얼마나 큰 위안이 되고, 마음이 따뜻해지는지 그 마음을 전해보거나 받아본 이는 안다. 그 온기를 전하는 데 단 5초도 걸리지 않는다. 🧁

시도 때도 없이
땡큐 땡큐 하다 보니

내 삶에
땡큐하게 되었다

결혼 초기에 남편에게 놀라웠던 점
중 하나는 정말 별것 아니라 쓱~미소 짓고 말 일에도 무조건 "Thank
you."라고 말하는 것이었다. 옆에 있는 케첩을 건네줘도 땡큐, 맛있는
밥을 만들어줘서 땡큐, 설거지를 해줘도 땡큐, 빨래를 해줘도 땡큐, 하
루에 땡큐라는 인사를 얼마나 많이 하는지. 아니, 그동안 우린 그 땡큐
라는 말을 얼마나 안 하고 살았는지 생각해 봤다.

지금은 나 역시 아주 작은 일에도 땡큐 땡큐를 연발하며 살고 있지
만, 이렇게 하기 위해서는 의식적인 연습이 필요했다. 아이에게도 아주
사소한 것 하나하나에도 감사함을 표현하는 법을 매일 가르치고 있다.

오빠가 장난감을 양보해주면 동생은 오빠에게 땡큐! 라고 하고, 엄마가 주스를 한잔 따라줘도 땡큐!를 잊지 않는다. 맛있는 밥을 만들어주어서 땡큐하고, 방 정리를 해주어서 땡큐하며, 재미있는 영화를 같이 본 것에 또 땡큐하다.

일기장에 오늘 감사한 일을 써보면 사소한 것들이 한가득하다. 날씨 좋은 날 따사로운 햇살을 받으며 커피 한잔 즐길 여유에 감사하고, 운전하고 나갔다 사고 없이 집에 온 것 역시 매우 감사하며, 집에서 사랑하는 가족과 맛있는 음식을 차려 먹음은 더할 나위 없이 감사한 일이다. 별 탈 없이 무난하게 보낸 하루 그 자체가 너무 감사하다.

무덤덤하게 흘러갈 뻔한 일들이 감사 목록에 들어가면 빛나 보이고 더 값져 보인다. 굳이 감사 일기를 쓰지 않더라도 오늘부터 누군가 건넨 작은 손짓 하나, 안부 인사에 감사하는 것을 습관화해보는 것은 어떨까? 처음에는 익숙하지 않겠지만 자꾸 하다 보면 감사하다고 말하지 않는 게 더 이상하게 느껴진다. 물론 그렇기 위해서는 꾸준한 연습이 필요하다. 그리고 '감사하게도' 감사는 전염성도 강하다.

신기하게도 매사에 땡큐 땡큐! 하다 보면 어느새 내 삶의 모든 것에 땡큐 땡큐!! 하는 나 자신을 발견하게 된다.

그래서 오늘도 "Thank you!".

남편은 독심술사가 아니다

시시각각 변하는 내 마음도 내가 잘 모를 때가 많으면서, 이런 내 마음을 남이 알아주기를 바랄 때가 많다. 특히 나의 마음을 더 잘 알아주어야 할 것 같은 남편에게 이를 기대하게 되는데 남자들은 말해주지 않으면 정말 모른다. 나도 이 사실을 깨닫기 전에는 '내가 에둘러서 이야기해도 알아듣겠지' 또는 '이렇게 온몸으로 표현하는데 이만하면 알겠지'라고 생각하며 쓸데없는 감정 소모를 많이 했다. 원하는 바를 직접 이야기하면 되는데 '내가 말하지 않아도 알아야 진정으로 나를 사랑하는 게 아닌가?' 하는 과한 욕심, 사실은 속물 덩어리이면서 그렇게 보이지 않고 싶은 마음이 합해져서 애매하게 표현하고, 그런 마음을 몰라주는 상대에게 괜히 심통이 났던 거다.

결혼생활을 십 년 넘게 해보니 행간의 의미를 파악하게 만들지 말고 원하는 바는 정중하면서 직설적으로 표현하는 것이 서로를 위해 좋은 일이라는 생각이 들었다. 언짢은 일이 있었다고 설거지하면서 괜히 그릇 부수는 소리 내지 않고, 애먼 문을 탕탕 닫고 발을 괜히 공룡처럼 쿵쿵 거리며 돌아다니는 대신(아이를 키워보니 딱 세 살짜리 아이들이 불만을 이렇게 온몸으로 표현하더라), 이런 일 때문에 기분이 안 좋다고 이야기하고, 지금 이런 현재 상황 때문에 속상하다고 솔직하게 이야기하기 시작하니 힘들 때는 서로 도와주고, 원하는 것은 서로 이루어 주려고 노력하는 사이가 되었다.

부부는 평생 바꿀 수 없는 한 팀이다. 그리고 팀의 운명은 얼마나 소통이 잘 되는가에 달려 있다. 서로가 꿈꾸는 삶의 모습이 어떠한 것인지 훤히 알고 있고, 이를 함께 이루려고 노력하면 더 큰 성공을 이룰 수 있지 않을까?

부탁은 정중하고 똑바르게! 행간의 의미를 파악하게 만들지 말자. 정확히 얘기하지 않으면 아무도 모른다. 남편은 독심술사가 아니다.

Learning to stand in somebody else's shoes, to see through their eyes, that's how peace begins. And it's up to you to make that happen. Empathy is a quality of character that can change the world.
– Barack Obama –

다른 사람의 입장에 서서 그들의 눈을 통해 보는 법을
배우는 것이 평화의 시작이다. 하지만, 그렇게 할지 말지는 당신에게
달려 있다. 공감은 세상을 바꿀 수 있는 성격적 특성이다.
– 버락 오바마 | 전 미국대통령 –

함께 양육하는 기쁨

미국 친구들에게 한국에서 회사 생활하던 때의 이야기를 하면 마치 나의 고교 시절 야간 자율학습 이야기를 했을 때와 비슷한 반응을 보인다. 어떻게 그런 학교가 있을 수 있냐고, 그런 회사에서 누가 일하냐고 다들 눈을 똥그랗게 뜨고 믿지를 못한다. 내가 회사 다닐 때는 공식적인 업무가 끝나는 오후 5시에 땡! 하고 집으로 가는 사람은 드물었다. 주로 저녁 먹고 와서 다시 일하자! 라는 분위기였다. 결혼 전이라 회사 사람들과 저녁 먹고 회사로 와서 일하다가 주로 밤 10시 넘어 퇴근했다. 퇴근 후에 또 맥주 한잔 같이하자며 호프집에 갔다가 노래방까지 거쳐 새벽에 집에 들어가는 경우도 잦았다. 솔직히 대한민국 직장인들은 다들 그러고 사는 줄 알았다.

하지만 미국에서는 정해진 근로 시간 외에 추가로 근무하는 경우는 회사에 아주 긴급한 일이 있거나 본인이 사장이 아니고서야 거의 없다. 보통 오후 4~5시가 되면 집으로 향한다. 회사 동료들과 저녁을 함께 먹으러 가거나 팀원들과 저녁 회식을 하는 경우도 일 년에 한 번 있을까 말까 하다. 그래서 자연스레 가족 중심적인 문화가 형성된다. 온 가족이 둘러앉아 저녁을 함께 먹으며 그날 있었던 이야기를 서로 나누고 저녁 이후의 시간도 같이 보낸다. 주말을 가족과 보내는 것은 물론이다.

미국이라고 한국보다 회사 일이 더 적은 것도 아닐 터인데 문화 자체가 그런 것이다. 아주 중요하고 급하게 처리해야 할 일이 아닌 한 모두 제시간에 일을 끝내고, 집으로까지 하던 일을 가지고 가거나 회사에 늦게까지 남아 있는 경우는 많지 않다. 온종일 같이 일한 직장 상사, 동료들과 저녁 같이 먹고 술까지 마시고서야 이튿날 좋은 컨디션으로 업무에 임할 수가 있겠는가.

업무시간이 5시까지라면 5시에 모두 일어나서 집으로 돌아가자! 집 밖에 갈 곳이 없어지면 당연히 집에서 가족과 더 재미있게 즐길 수 있는 방법을 생각하게 되고, 그렇게 되면 더 여유롭고 행복한 가정생활을 영위할 수 있게 되지 않을까. 아이가 있는 가정이라면 더더욱 집에 일찍 들어가 아이와 시간을 보낸다면 부부가 아이를 함께 양육하는 기쁨을 배가시킬 수 있다. 훌쩍 커버린 아이들을 보며 '왜 더 많은 시간을 같이 보내지 못했을까?'라며 후회하는 일이 더 이상 없었으면 좋겠다.

아기가 잠만 잘 자도
모든 게 쉬워진다

첫 아이를 낳았을 때는 육아 서적을 많이 읽어서 아는 건 제법 있었으나 아이가 보내는 여러 사인을 읽어내는 데 어려움을 겪었다. 아기가 스스로 잠들지 못한다고 생각해 안고 재운 다음 침대에 눕혔다. 너무 울면 뇌 발달에 좋지 않다고 생각해 울려는 기미만 보여도 얼른 달려가 안아 주었다. 자다가 뒤척이며 울 기미만 보여도 곧바로 반응해 아기 스스로 다시 잠들 기회를 빼앗았다.

둘째 때는 첫째 때와 다르게 접근했다. 아이가 졸리는 사인을 보이면 얼른 수면조끼를 입혀 아기침대에 눕혔다. "잘 자고 좀 이따 보자."고 따뜻한 말을 해주고는 상큼하게 방에서 나왔다. 그러면 아이는 조금 칭얼대는가 싶다가 어느새 잠이 들었다. 전에는 아이를 재운다고 포대기에 업고 다니곤 했는데, 아이가 스스로 잠이 드니 업을 일이 없었다.

그리고 셋째를 키워보니 아이 울음소리만 들어도 기저귀가 젖었는지, 배가 고픈지, 피곤한지, 졸리는지 딱 알아듣고 척척 반응해주어 아이가 울 일이 거의 없다. 졸린다는 사인이 보이면 방으로 데려가 수면조끼를 입히고, 눕힌 뒤 사뿐히 나온다. 방에 설치한 모니터를 통해 아이가 살짝 우는가 싶다가 5분 안에 스르르 잠드는 모습을 볼 수 있다. 그러면 나는 아이가 자는 동안 내 할 일을 할 수 있는 거다. 아이가 혼자 잠만 잘 자 주어도 엄마의 엄청난 시간과 에너지가 절약된다. 이는 엄마뿐만 아니라 편안하게 잠을 잘 수 있어 아이한테도 좋다.

잠을 잘 잔 아이는 잘 먹고 잘 논다. 이 세 가지는 서로 맞물려 돌아간다. 잠을 잘 자야 음식을 맛있게 잘 먹고, 기분 좋은 상태로 잘 놀 수 있다. 잘 놀면 잠을 잘 자고…이렇게 반복된다. 초보 엄마, 아빠들이 나처럼 고생하지 말라고 내가 터득한 아이 잘 재우는 법을 적어본다.

1. 아기는 별도의 방에 놓인 아기침대(크립)에서 혼자 재운다

아기침대에 혼자 재우는 게 더 안전하고 잠도 잘 잔다. 혼자 재우다가 엄마가 가끔 같이 자는 것은 괜찮지만 계속 같이 자다가 혼자 재우려면 정말 힘들다. 아이를 병원에서 집에 데려온 첫날부터 따로 재운다.

2. 아기 방에 휴대폰으로 볼 수 있는 모니터를 설치한다

엄마가 아기 방에 들어가서 눈을 마주치고도 안아주지 않으면 아기의 울음은 더 거세진다. 모니터를 통해 아이의 상태를 보도록 한다. 뒤척이며 울다가도 조금 기다리면 마법처럼 조용해지며 잠이 든다.

3. 아기 치수에 맞는 수면 조끼를 잠잘 때만 입힌다.

우리 아이들은 신생아 때 속싸개 대신 스와들미Swaddleme나 스와들업Swaddle Up을 입히고, 조금 크면 팔을 자유자재로 움직일 수 있는 수면 조끼를 입혔다. 질식 우려 때문에 이불을 덮어주지 않았다. 조끼는 잘 때만 입힌다. 그래야 조끼를 입히면 아기는 '이제 잠잘 시간이구나.' 하고 자연스럽게 잠 연관이 이루어진다.

4. 아기를 눕히고 첫 5분은 울 수 있다.

우는 아기를 내버려두기는 힘들지만 그냥 두어야 아기가 스스로 잠들 수 있다. 아기 울음소리를 듣고 있기가 힘들면 양치질이라도 해보자. 양치질하는 동안 울음을 그칠 수도 있다. 아기를 믿고 기다려주자.

5. 중간에 아기가 깨어 울어도 곧장 달려가지 않는다.

아기가 운다고 곧장 달려가지 말고 모니터로 살펴본다. 순하게 칭얼대면 도로 잠들 것이고, 격렬하게 울면 어딘가 불편한 것이니 가서 상태를 확인해 본다. 운다고 즉각 반응하면 아기 스스로 할 일을 엄마가 빼앗는 게 된다. 아기는 우리가 생각하는 것보다 더 강하고 똑똑하다.

화낼 일과 화내면 안 되는 일을 구분하기

"오늘도 아이에게 화를 내고 말았어요." 하루를 돌아보며 이렇게 후회하는 사람들이 있을 것이다. 잘 생각해보자. 정말 그 일이 그렇게까지 화낼 일이었을까? 화를 내는 대신 나의 감정을 다르게 표현할 수는 없었을까?

아이를 키우면서 나는 아래와 비슷한 상황에서는 화를 내지 않기로 결심했고 실제로 화내지 않으려고 노력했다. 침대에 오줌을 쌌을 때. 어른도 실수한다. 침대보를 다 걷어서 힘들게 빨래해야 하는 수고를 해야 하기는 하지만, 침대에 오줌을 쌌다고 아이를 혼내거나 수치심을 느끼게 하지 않는다.

"어제 자기 전에 물을 많이 마시더니 실수했구나. 침대보 빼는 것 좀 도와줄래?" 하며 최대한 가볍게 넘어간다. 아이도 이불에 쉬한 게 이미 부끄럽고 찝찝한데, 여기에 엄마가 너 나이가 몇인데 이불에 쉬를 하냐고 화내고, 식구들 앞에서 창피를 주는 것은 이미 벌어진 일을 수습하는데 전혀 도움이 안 된다.

아이스크림을 먹다가 바닥에 떨어뜨렸을 때, 손에 잡고 있던 풍선이 날아갔을 때, 마시던 음료를 (장난치다가 그런 게 아니라) 실수로 흘렸을 때는 이미 아이도 엄청 속상하다. 다음번에 흘리지 않도록 어떻게 하면 좋을지 주의만 주어도 될 일에 "왜 이렇게 조심성이 없느냐."고 혼내는 건 곤란하다.

속상해서 울고 있는 아이에게 "뭐 그런 걸 가지고 우느냐."고 아이가 받은 마음의 상처 크기를 내 마음대로 축소하는 것도 피해야 한다.

아이가 한 말과 행동 때문에 화가 날 것 같으면 잠깐 심호흡을 하고 스스로에게 이렇게 물어보자. '이게 그렇게까지 화낼 일인가?' 하고.

살면서 '그렇게까지 화낼 일'은 사실 많지 않다.

For every minute you are angry you lose sixty seconds of happiness.
– Ralph Waldo Emerson –

당신이 1분 동안 화를 내면, 60초의 행복을 잃게 되는 것이다.
– 랄프 왈도 에머슨 | 미국의 시인 –

육아의 부담을
가볍게 덜어주는 법

"밭맬래? 애 볼래?"라고 물으면 다들 "밭매겠다."고 한다는 말처럼 아이 돌보는 건 쉬운 일이 아니다. 온종일 아이 뒤를 따라다니며 먹이고, 안아주고, 엉덩이 씻기기를 반복하다 보면 육체적, 정신적으로 매우 피곤해진다. 일터에 나가 일하는 것도 만나는 사람과 업무에 따라 스트레스가 많겠지만, 집에서 온종일 아이를 돌보는 주 양육자도 그 못지않게 힘들다. 밖에 나가 일하는 사람은 스트레스 해소할 기회라도 있지.

아이가 어릴 때는 화장실도 편히 갈 수 없고, 끼니를 제대로 챙겨 먹는 게 사치라고 느껴질 때도 있다. 그래서 아이는 나 혼자 본다는 생각을 버리고 부부가 함께 돌본다는 것을 늘 전제로 삼아야 한다. 힘들면 힘들다고 솔직히 이야기하고, 한두 시간이라도 자유시간을 내 혼자 밖에 나갔다 오는 것도 도움이 된다. 집 앞 마트에 가서 서성이다 오더라도 크게 재충전의 시간이 될 수 있다.

우리 부부의 팁을 하나 이야기하자면, 우리는 집에 같이 있을 때 아이가 변을 싸면 무조건 아이와 시간을 덜 보낸 사람이 엉덩이 닦이는 일을 맡아서 한다. 기저귀를 떼기 전 아이는 변 처리가 가장 힘이 많이 드는 일 중 하나인데, 아이가 변을 싸면 나는 "여보, ○○가 당신한테 줄 선물이 있다네요~"라고 남편을 부른다. 그러면 남편은 장난으로 "그 선물 안 받고 싶은데요?"라고 하면서도 웃으면서 "으악! 환불하고 싶은 선물이다!"라고 한다. 말은 그렇게 하면서도 어느새 아이를 안고 화장실로 가서 엉덩이를 닦아주고 있다. 아이의 변을 '선물'이라고 표현하면 힘든 일을 살짝 틀어 재미있는 일로 바꾸는 효과가 있다. 그래서 우리 집 아이들은 막내가 기저귀에 변을 보고 냄새를 풍기고 다니면 "엄마! ○○가 선물 쌌어요!"라고 외친다.

웃을 것 하나 없을 것 같은 일도 웃어넘길 수 있는 방법은 많다. 그리고 이런 작은 말과 행동 하나하나가 육아의 부담을 조금은 가볍게 덜어주는 역할을 톡톡히 한다. 🧄

The art of being happy lies
in the power of extracting happiness from common things.
- Henry Ward Beecher -

행복에 이르는 경지는 평범한 것으로부터 행복을 뽑아내는 힘에 있다.
- 헨리 워드 비처 | 미국의 개신교 목사 -

아이를 잘 키우고 싶은 마음은 부모라면 누구나 같을 것이다. 그런데 공부는 학교에서 배울 수 있어도 어른을 존경하고, 상대를 배려하고, 매사에 감사를 표현하는 삶의 태도는 가정에서 부모를 통해 배워야 한다. 이런 말을 들으면 "당연하죠!"라고 하는 사람도 자신이 알게 모르게 아이 앞에서 보이는 말과 행동은 아이에게 가르치고자 하는 방향과 다르게 할 때가 있다. 아이 앞에서 배우자의 흉을 보거나 깎아내리는 것도 그 중의 하나이다. 그런 이야기는 배우자와 단둘이 있을 때 따로 하는게 좋다.

나는 식탁에 둘러앉을 때도 항상 상석에는 남편 자리를 만들어 놓고 이곳에는 아이들이 앉지 못하게 한다. 아빠가 없을 때 그 자리에 앉는 것은 괜찮지만 아빠가 있을 때는 무조건 아빠가 앉는 자리라는 것을 아이들에게 인지시켜준다. 가부장제를 옹호하기 때문이 아니라 아빠의 권

위를 지켜주고 싶어서다. 아이들이 지켜야 할 집안의 문화와 규칙이 있다는 것을 가르치기 위해서 그렇게 한다.

아이가 혹시나 아빠를 제멋대로 평가하는 말을 하면 바로 고쳐준다. 남편이 주말에 늦잠을 자면 나는 안방 문을 닫고 아이들에게 아빠가 편히 더 주무시게 조용히 놀라고 한다. 그러면 아이는 아빠는 왜 늦잠을 자느냐며, 늦잠을 자면 게으른 사람 아니냐고 되묻는다. 그러면 나는 아빠가 게으른 게 아니라, 일주일 동안 우리 가족을 위해 열심히 일하시느라 몸이 피곤해서 휴식을 취하는 거라고 일러준다. 내가 늦잠을 잘 때는 남편이 아이들을 조용히 시키며 내가 충분히 더 잘 수 있도록 배려해준다. 조금 덜 피곤한 사람이 더 피곤한 사람을 배려해주면 가정의 불화를 줄일 수 있다.

아이를 친구들과 놀리면서 아이 엄마들끼리 모여서 수다를 떠는 상황에서 남편 흉이나 시댁 흉을 보는 사람들이 있을 것이다. 나는 남편 흉이나 시댁 흉을 보는 것은 '내 얼굴에 침 뱉기'라고 생각해서 하지 않는다. 누군가에게 실컷 흉을 봄으로써 마음이 조금 후련해지기야 하겠지만 아이를 잘 키우고 싶다면 해서는 안 될 행동이다. 흉 없는 사람이 어디 있겠는가. 살다 보면 답답하고 속상한 일도 있고, 짜증나는 일도 있기 마련이다. 하지만 아이들 듣는 곳에서는 누군가의 흉을 보는 행위를 통해 그것을 해소하려고 하지는 말자.

부모는 아이의
가장 강력한 인플루언서

아이에게 가장 큰 영향력을 미치는 사람은 다름 아닌 부모 자신이다. 그러니 아이가 못된 말과 행동을 하면 혼내기 전에 먼저 자신부터 돌아보도록 한다. 아이가 공부하기 싫어하면 왜 아이가 공부에 흥미를 못 붙이는지 먼저 생각해본다. 공부를 왜 해야 하는지도 모르는데 그저 하라고 시키니까 재미없어 하는 건 아닌지? 부모인 나는 지금 어떤 공부를 하고 있는지 자신을 돌아본다.

아이가 자기 생각을 말로 표현하는데 서툴면 왜 말을 똑바로 하지 못하고 웅얼거리느냐고 다그치지 말고, 지금 느끼고 있는 감정을 어떻게 표현하면 좋을지 알려주도록 한다. 그리고 일상에서 나 역시 그렇게 표현하도록 노력한다.

아이에게 얘기하는데 아이가 눈도 마주치지 않고 건성으로 듣거나

가버릴 때 기분이 상했다면? 어른이 말하는데 예의 없이 군다고 화부터 내지는 않았는지? '그럼, 나는 아이가 나에게 얘기할 때 스마트폰에서 눈을 떼지 않고 듣는 둥 마는 둥 한 적은 없었나?' 그때 아이 기분은 어땠을지를 생각해본다.

상대의 입장에서 생각해보는 일은 이렇듯 쉬우면서도 어렵다. 내가 대접받기 원하는 대로 남을 대접하라는 불문율은 여기서도 해당한다. 바쁘고 귀찮아도 아이가 나에게 무언가 이야기할 때는 스마트폰을 손에서 내려놓고, 그 초롱초롱한 눈빛을 바라보며 흥미진진하게 들어주자. 이렇게 꾸준히 부모와 소통한 아이는 커서도 지속적인 대화를 함께 나눌 수 있는 친구가 될 수 있다.

방법은 간단하다. 내 아이가 했으면 하는 행동을 내가 몸소 꾸준히 보여주고, 내 아이가 하지 않았으면 하는 행동은 나부터 하지 않는 것이다. 아이가 책을 많이 읽기 바란다면 아이 앞에서 틈만 나면 책 읽는 모습을 보여주도록 한다. 인사를 잘하고 배려심 많은 아이로 키우고 싶으면 내가 먼저 친구와 이웃에게 반갑게 인사하고 베푸는 모습을 자주 보인다. 아이를 나보다 더 나은 사람으로 키우고 싶다면, 어제보다 눈곱만큼이라도 더 나은 내가 되는 것에 초점을 맞춰보자.

내 아이가 본받고 싶은 인플루언서의 모습을 내가 갖추고 생활 속에서 보여주자. 팔로어가 단 한 명일지라도 우리는 우리 아이에게 가장 영향력 있는 인플루언서이므로.

아이 옷 물려 입히는 게 뭐가 어때서요?

아이들은 하루에도 옷을 몇 번이나 갈아입기 때문에 많은 옷이 필요하다. 어른들은 한번 사면 십 년 넘게 입고 신는 재킷, 부츠, 코트도 아이들에게는 매해 새로 사 입힌다. 없으면 없는 대로 지내긴 하지만, 용도별 부츠와 코트는 있으면 좋기는 하다. 하지만 아이들은 쑥쑥 크기 때문에 한 철 입고 나면 더 이상 못 입는 경우가 대부분이다.

나는 우연히 '아이 옷 물려 입기', '돌려 입기'라는 아름다운 사이클을 구축하게 되어 우리 아이들은 동네 형과 언니가 입던 옷을 철마다 물려받는 게 정말 많다. 옷을 물려주면 서로에게 좋은데, 가까이 사는 경우는 특히 더 좋다. 물려받은 아이가 그 옷을 입고 나타나면 "아~그 옷 입었네. 우리 아이가 어디 갈 때 입었던 건데…." "그 옷 어디서 많이 보던 옷이네!"라며 매우 반가워한다. 옷에는 그 아이와 함께했던 추억과 스토리가 담겨 있으니.

사실 옷을 어디다 기부하는 것도 번거롭고, 팔려면 그걸 일일이 사진을 찍어 올리고, 살 사람을 만나 전달해 줘야 한다. 팔지도 못하고 시간만 낭비할 수도 있다. 그런 걱정 없이 사이즈가 안 맞는 옷은 모두 쇼핑백에 담아서 이웃집에 넘겨주기만 하면 되니 편하고 옷장 정리에도 도움이 된다. 작아져서 못 입는 아이 옷이 집에 쌓이면 그것도 골칫거리다.

옷을 물려받게 되면 고맙고, 옷을 물려주게 되어도 이를 받아 주는 사람이 있다는 사실에 고맙다. 이웃이 옷을 직접 갖다 주기도 하고, "옷 한 봉지 싸 놨어요."라고 연락해 오면 가지러 가면 된다. 나는 "고마워요! 잘 입힐게요!" 하면 끝. 서로에게 좋은 일이다. 이렇게 옷을 물려받으면 쇼핑할 때는 진짜 마음에 드는 예쁜 옷만 사면 되니 좋다.

우리 동네 아이들 옷이 돌고 도는 사이클을 소개하자면 이렇다.

옆집에 살던 제이콥(나의 큰아들보다 세 살 많음)이 입던 옷을
동생인 엘리엇(아들보다 한 살 많음)이 입고.
그 옷 모두(심지어 팬티와 양말까지) 우리 집으로 오고 큰아이가
입는다.
큰아들이 입던 옷은 건너편에 사는 벤저민(우리 아이보다 두 살 어

림)에게 물려준다.

내가 딸을 낳자 벤저민 누나(딸아이보다 세 살 많음)가 입던 옷을
딸에게 물려준다.

딸이 입던 옷은 같은 동네에 사는 친구 딸(우리 아이보다 두 살 어
림)에게 물려준다.

막내아들이 입던 옷은 블로그를 통해 알게 된 한 살 어린 아기
가 있는 가정에 물려준다.

아이 옷과 장난감은 서로 물려주고 물려받으면 모두에게 이롭다. 다
른 아이가 입던 옷을 물려 입히는 게 나는 전혀 부끄럽지 않다. 🍪

It's not how much we give, but how much we put into giving.
− Mother Teresa −

얼마나 많이 주느냐보다 얼마나 많은 사랑을 담느냐가 중요하다.
− 마더 테레사 | 가톨릭교회 수녀 −

아이 장점 돋보기

사람을 만나면 싹싹하게 인사 잘하고, 어디 가든 예의 바르게 행동하며, 똑 부러지게 자기 의사를 표현하고, 공부도 자기 주도적으로 잘하고, 좋아하는 취미가 있고, 열정적으로 무언가에 몰두할 줄 알고, 운동도 잘하고 건강하기까지 한 아이로 키우고 싶은 건 어쩔 수 없는 부모의 마음인 것 같다.

하지만 아이는 내가 원하는 대로 행동하지 않을 때가 더 많다. 아이의 부족해 보이는 부분 때문에 걱정이 된다면, 아이를 잘 관찰하고 아이의 장점만을 찾아서 적어보기를 권한다. 그러면 '잘하는 게 이렇게 많은데 내가 몰랐구나.' 하고 새삼 놀라기도 하고, '앞으로 이 부분은 더 잘할 수 있도록 이렇게 이끌어 줘야겠다.'며 건설적인 계획도 세울 수 있다.

아이 교육에 관한 글을 보면 아이들이 잘하지 못하는 것보다 잘하는 것에 초점을 맞추어 그 부분을 더 잘할 수 있게 이끌어 주라고 권한다. 가끔 만나는 아이의 친구들을 보면 '어? 저 아이는 이런 걸 잘하는구나!', '벌써 저런 걸 다 말로 표현할 줄 아네?' 하면서 아이의 장점이 바로 보인다. 그런데 온종일 같이 부대끼고 사는 내 아이의 장점은 쉽게 찾기 힘들다. 부모는 '내 아이가 이것도 잘했으면 좋겠고, 이런 상황에서는 이렇게 행동했으면 좋겠다.'고 하는 욕심이 앞서기 때문에 아무래도 잘못하거나 개선이 필요한 부분에 시선이 먼저 가게 된다.

아이 학교 선생님과 일 년에 한 번 면담하고 오면 그걸 계기로 아이를 더 자세히 들여다보고 장점만 기록해보는데, 그게 아이를 파악하는 데 큰 도움이 된다. 이때 주의할 점은 단점은 다 빼고 장점만 적는 것이다. 이는 미국 교육에서 가장 마음에 드는 부분이기도 한데, 학교 선생님들도 좋은 점과 잘하는 점 위주로 아이들을 보려고 한다. 큰아이 담임 선생님은 "이런 훌륭한 아이를 저에게 믿고 보내주셔서 감사합니다."고 인사까지 했다. 그래서 학부모 면담을 하고 나면 너무 아이 칭찬만 듣고 오는 것 같은 우쭐한 기분과 함께 '정말 내 아이가 그렇게 잘한다는 말이야?'라는 의문이 들기도 한다.

그런데 아이들은 수많은 장점과 무한한 잠재력을 가지고 있다. 다음은 아이가 네 살 무렵 내가 적은 아이의 장점 리스트다.(세 살 버릇 여든까지 간다더니, 곧 여덟 살이 되는데 이때의 장점이 지금도 고스란히 남아 있어서 최근에는 학교에서 배려상Inclusive & Empathy이라는 상도 받았다.)

우리 아이의 장점

1. 배려심이 강하다

또래 남자아이들에 비해 감수성이 풍부해서 작은 말이나 행동에도 상처를 잘 받지만, 그런 만큼 상대의 기분을 세심하게 살피고 보듬어줄 줄 안다. 내가 표정이 조금이라도 안 좋으면, 아이는 어느새 옆에 와서 무엇이 문제인지, 왜 행복해 보이지 않는지 묻는다.

2. 공격적이지 않다

남자아이들은 잘 싸우기도 한다는데 아직 누구와도 싸운 적이 없다. 동생들을 몰래 때리거나 꼬집은 적도 한번 없다. 아이의 타고난 기질이 이렇지만 자기 몸을 방어할 줄은 알아야 한다는 생각에서 태권도를 배우기 시작했는데 잘한 것 같다.

3. 남을 도와주거나 이끄는 것을 좋아한다

내가 무엇을 하면 와서 "Can I help you?"라고 묻는다. 이렇게 친절하게 와서 도와주겠다는 아이의 마음을 거절하기는 쉽지 않다. 학교에서도 그렇다고 한다. 키 작은 아이가 손이 안 닿는 곳에 있는 물건을 잡으려고 하면 얼른 달려가 도와준다고 한다.

4. 집중력과 기억력이 좋다

레고 한 박스 조립은 집중해서 금방 끝낸다. 퍼즐도 한번 맞추기 시작하면 끝장을 본다. 기억력이 좋아 별의별 것까지 다 기억해 아이 앞에서 말과 행동을 조심해야 한다. 영화 보는 것을 매우 좋아하는데 보고 나면 줄거리를 다 기억한다.

5. 골고루 잘 먹는다

편식하지 않고 잘 먹어서 얼마나 감사한지 모른다. 이유식을 할 때부터 처음 먹는 음식도 거부감 없이 스스로 다 먹는다. 음식을 복 있게, 맛있게 잘 먹어서 보는 사람의 기분을 좋게 한다. 골고루 잘 먹는 것도 큰 장점 중의 하나다.

For beautiful eyes, look for the good in others;
for beautiful lips, speak only words of kindness; and for poise,
walk with the knowledge that you are never alone."

– Audrey Hepburn –

아름다운 눈을 갖고 싶으면 다른 사람들에게서 좋은 점을 보아라.
아름다운 입술을 갖고 싶으면 친절한 말을 하라. 아름다운 자세를 가지고
싶으면 결코 너 자신이 혼자 걷고 있지 않음을 명심해서 걸어라.

– 오드리 햅번 | 영국의 영화배우 –

학기말에 있는
스승의 날

한국의 '스승의 날'은 학기초인 5월에 있다. 미국의 '스승의 날'도 5월이지만 미국은 이때가 학기 초가 아니라 학기말에 해당된다.(미국은 새 학기가 9월에 시작해서 6월에 끝난다.) 그래서 학생과 학부모들은 선생님께 '지난 일 년 동안 잘 보살펴 주셔서 감사합니다.'라는 감사의 마음을 담아 선물을 하고 감사인사를 한다.

또한 미국에서는 '스승의 날' 하루만 기념하는 게 아니라 '선생님께 감사를 표하는 주간'(Teacher Appreciation Week)을 정해놓았다. 일주일 동안 선생님뿐 아니라 학교 교직원 모두에게 감사의 마음을 전달하는데 마치 축제처럼 모두 함께 즐긴다. 학교에서 월요일에 카드, 화요일에 꽃 한 송이, 수요일에 종이로 직접 만든 꽃을 가져오라는 식으로 아이들에게 지정해 주기도 한다. 그리고 일주일 내내 선생님과 교직원을 위한 작은 행사를 한다.

인근 상점에서도 이 기간에는 선생님들께 할인 혜택을 주고, 커뮤니티 전체가 선생님의 노고에 감사를 표하는 분위기가 된다. 학부모들은 선물을 주는 쪽이나 받는 쪽 모두 부담스러운 값비싼 선물 대신 직접 만든 빵, 쿠키, 양초, 핸드크림, 적은 액수의 기프트 카드를 선물한다. 선물을 받는 선생님들은 '감사카드'를 일일이 써서 답한다. 선물을 받으면 감사카드를 써서 고마움을 표시하는 문화가 정착돼 있다.

감사 인사를 하고, 또 이에 대한 답례 인사가 오가는 이 5월의 첫 주가 나는 너무 좋다. 아이들은 학교에 선생님만 계시는 게 아니라 교직원들도 있다는 사실을 알게 되는 기회이기도 하다. 우리가 살아가는데 한 사람 한 사람의 역할이 얼마나 중요한지 등 자신이 속한 커뮤니티에 대해서 자연스레 배우게 된다.

나는 지금도 해마다 스승의 날이 되면 고등학교 시절 은사님께 문자를 보낸다. 이제는 은퇴하신 선생님은 "어이, 또치! 고맙다!"(내 고등학교 때 별명은 아기공룡 둘리에 나오는 타조랑 오리를 닮은 '또치'였다)라고 보내오신다. 이 나이가 되어도 나를 '또치'라고 불러주는 정겨운 사람이 있다는 사실에 마음이 뭉클해진다.

서로에게 부담스럽지 않게 감사한 마음을 주고받는 '스승의 날'이 좋다. '우리 아이 잘 봐주세요.'라는 느낌보다는 '선생님, 교직원분들. 다들 너무 수고 많으십니다.'라는 느낌으로.

우리 집 레시피가 최고야!

초콜릿 칩 쿠키

—

Chocolate Chip Cookie

아메리칸 쿠키의 대표주자, 초콜릿 칩 쿠키.

우리나라에도 집마다 내려오는 집된장, 집고추장 레시피가 있듯이

미국의 가정에도 초콜릿 칩 쿠키 레시피를 하나씩 가지고 있는 경우가 많다.

아무래도 어렸을 때부터 먹던 쿠키가 어른이 된 후

먹어도 최고로 맛있다고 느껴지기 때문에.

초콜릿 칩 쿠키

(10개용)

Ingredients

버터 120g(실온 상태)   중력분 160g

황설탕 80g   베이킹파우더 ½t

소금 ¼t   베이킹소다 ¼t

계란 40g(실온 상태)   초콜릿 칩 160g

바닐라 익스트랙 ½t

How to make

1. 오븐을 180도로 예열하고, 베이킹 팬 위에 테프론 시트를 깔아준다.

2. 볼에 버터를 넣고 핸드믹서로 가볍게 푼 다음 설탕, 소금을 넣고 중속으로 2분 간 크림 상태가 되도록 믹싱한다. 계란과 바닐라 익스트랙을 조금씩 넣어가며 1분 정도 충분히 섞는다.

3. 가루재료(중력분, 베이킹파우더, 베이킹소다)를 체에 쳐서 넣고 주걱으로 날가루가 살짝 보일 정도로 섞는다. 초콜릿 칩을 넣어 모든 재료를 골고루 섞는다.

4. 지름 5cm 크기의 쿠키 스쿱으로 반죽을 떠서 베이킹 팬 위에 일정한 간격을 두고 올린 후 윗면을 살짝 눌러준다.

5. 예열된 오븐에 넣고 10~12분간 가장자리 부분이 살짝 갈색이 돌도록 굽는다. 팬 위에서 5분 식힌 뒤 식힘망 위에 올려 완전히 식힌다.

기분 좋은 아침을 시작하는

굿모닝 머핀

—

Rise and Shine Muffin

특별한 베이킹 도구가 없이도 손 거품기 하나로 휘리릭 섞어서 쉽게 만들 수 있는 머핀이다. 아침 식사 대용으로 좋아 '굿모닝 머핀'이라고 이름 지었는데, 우리 집 큰 아이는 이 머핀을 보면 아침에 해가 뜨는 모습이 연상된다며 '라이즈 앤 샤인'Rise and Shine Muffins이라는 더 멋진 이름을 지어주었다. 전날 만들어서 아침에 우유나 커피 한잔 곁들여 먹으면 든든한 아침 식사가 되고, 오후 간식으로도 훌륭하다.

굿모닝 머핀
(머핀 12개용)

Ingredients

다진피칸 80g	압착귀리 50g	아몬드가루 30g
해바라기씨 3T	계란 150g	베이킹파우더 2t
호박씨 3T	황설탕 80g	계핏가루 1t
당근 80g	꿀 40g	생강가루 ½t
애호박 80g	포도씨유 150g	소금 ½t
사과 80g	바닐라 익스트랙 1t	
건포도 80g	통밀가루 130g	

*피칸은 160도 오븐에 10분 구운 후 다져서 준비한다.

How to make

1. 오븐을 180도로 예열하고, 12구짜리 머핀 팬에 종이 머핀 컵을 끼운다.

2. **견과믹스** | 믹싱볼에 다진피칸, 해바라기씨, 호박씨를 넣어 섞는다.

3. 당근과 애호박은 채칼로 썰고, 사과는 작게 깍둑 썬다.

4. 볼에 당근, 애호박, 사과, 건포도, 압착귀리, 견과믹스의 1/2 분량을 섞는다.

5. 큰 볼에 계란을 넣고 손 거품기로 가볍게 풀어주고, 설탕과 꿀을 넣어 섞어 준 후 포도씨유와 바닐라 익스트랙을 조금씩 넣으며 섞는다.

6. 가루재료(통밀가루, 아몬드가루, 베이킹파우더, 계핏가루, 생강가루, 소금)를 체에 내리고 주걱으로 날가루가 살짝 보일 정도로 섞어 준다. 4의 야채 & 견과류를 넣어 모든 재료를 골고루 섞는다.

7. 준비한 머핀 틀에 꽉 차도록 반죽을 나눠 담고 남은 견과믹스의 1/2분량을 윗면에 뿌려 준 다음, 예열된 오븐에 넣고 25~30분 구운 후 식힘망 위에 올려 완전히 식힌다.

맛과 건강 둘 다 잡았다!

오트밀 쿠키

—

Oatmeal Raisin Cookie

쫀득쫀득한 귀리, 고소하고 바삭한 호두, 달콤한 건포도가
어우러진 오트밀 쿠키를 소개한다. 건강에 좋은 귀리를 듬뿍 넣고
설탕량도 최소화해서 맛과 건강 둘 다 잡은 쿠키 레시피.
출출할 때 하나씩 먹기에 좋은 맛있는 쿠키다.

오트밀 쿠키

(쿠키 12개용)

Ingredients

버터 120g(실온 상태)	계핏가루 1t
황설탕 80g	옥수수전분 1t
흰설탕 40g	베이킹소다 ½t
소금 ¼t	압착귀리 100g
계란 50g(실온 상태)	건포도 80g
바닐라 익스트랙 2t	다진호두 50g
중력분 120g	

*호두는 160도 오븐에 10분 구운 후 다져서 준비한다.

How to make

1. 버터를 볼에 넣고 핸드믹서로 부드럽게 풀어준 다음, 설탕과 소금을 넣고 중속으로 2분 정도 크림 상태가 되도록 믹싱한다. 계란을 3회에 나누어 넣으며 믹싱한 후, 바닐라 익스트랙을 넣어 섞는다.

2. 전체적으로 크림 상태가 되면 가루재료(중력분, 계핏가루, 옥수수전분, 베이킹소다)를 체에 내려서 넣고 주걱으로 날가루가 살짝 보일 정도로 섞는다. 압착귀리, 건포도, 다진호두를 넣어 모든 재료를 골고루 섞어준 다음 지퍼백에 넣어 냉장고에 1시간 이상 넣어 둔다.

3. 쿠키 구울 준비가 되면 오븐을 190도로 예열하고, 베이킹 팬 위에 테프론 시트를 깔아준다. 지름 5cm 쿠키 스쿱으로 반죽을 떠서 팬 위에 올려준 후, 윗면을 살짝 눌러준 다음 예열된 오븐에 넣고 10분 굽는다. 팬 위에서 5분 식히고, 식힘망 위에 올려 완전히 식힌다.

달콤한 오후를 위한

허니 레몬 마들렌

—

Honey Lemon Madeleine

배꼽이 뽈록! 올라온 귀여운 뒤태를 가진 마들렌은 부드러운 카스텔라 맛이 나서
아이들이 정말 좋아하는 디저트이다. 베이킹 입문용으로 부담 없이 만들 수 있다.
마들렌 자체가 촉촉하고 부드러워서 맛있게 먹을 수 있고, 레몬 글레이즈를
입히면 상큼한 맛이 배가 되어서 더 맛있다. 기본 레시피에 녹차, 코코아, 쑥,
얼그레이 등을 넣어 다양한 맛을 만들어도 좋다.
(추가로 넣은 가루의 양을 레시피에 표기된 밀가루 양에서 빼면 된다.)

허니 레몬 마들렌

(깊은 틀 10개 / 낮은 틀 12개)

Ingredients

계란 80g

계란노른자 1개

설탕 96g

소금 ¼t

꿀 10g

바닐라 익스트랙 ½t

버터 100g

박력분 96g

아몬드가루 16g

베이킹파우더 2g

[레몬 글레이즈] 슈가파우더 80g + 레몬즙 20g

How to make

1. 볼에 계란, 계란노른자를 넣고 손 거품기로 가볍게 풀어준다. 설탕, 소금, 꿀, 바닐라 익스트랙을 차례대로 넣어가며 섞는다.

2. 중탕으로 버터를 녹여서 준비한다. (녹인 버터의 온도는 50~60도 정도를 유지)

3. 2의 볼에 가루재료(박력분, 아몬드가루, 베이킹파우더)를 체에 쳐서 넣고 거품기로 가볍게 섞는다. 가루가 보이지 않게 반죽을 충분히 섞은 후 녹인 버터를 천천히 넣어가며 골고루 섞는다. 랩을 씌워 1시간 정도 냉장고에 넣어 휴지시킨다.

4. 1시간 후, 오븐을 180도로 예열하고 마들렌 틀에 버터칠을 얇게 해준다. 짤주머니에 반죽을 넣어 마들렌 틀의 80% 정도 차도록 짠 다음, 예열된 오븐에 넣고 12~15분간 구워준 후 식힘 망 위에 올려 완전히 식힌다.

5. **레몬 글레이즈 만들기** | 슈가파우더와 레몬즙을 섞어준다.

6. **완성** | 식힌 마들렌 위에 레몬 글레이즈를 붓이나 숟가락으로 발라준 다음 10분 정도 그대로 두어 완전히 굳힌다.

Chapter

04

엄마를 위한
성장 레시피

스트레스 제로 호흡법
'나는 고수다!'

'오늘은 아이에게 절대 화내지 말아야지' 하고 다짐하면서 하루를 시작해도 화가 나는 상황은 어쩜 이리도 많은지. 쏟을 것 같아서 조심하라고 주의를 주었음에도 하얀 카펫에 초코우유를 쏟고, 장난감을 사이에 두고 동생이랑 끊임없이 옥신각신하고, 학교 갔다 오면 숙제를 먼저 하라고 해도 들은 둥 마는 둥, 식사 중에 돌아다니지 말라고 해도 계속 장난치면서 돌아다닌다.

욱! 해서 아이에게 소리를 지르기도 하고, 내가 낸 화를 "네가 엄마를 자꾸 화나게 하잖아!"라고 정당화시키기도 한다. 하지만 사실 나 자신 외에는 누구도 나를 화나게 할 수 없다. '나는 어떠한 상황에서 꼭 화가 나더라.' 하는 상황을 주의 깊게 살펴보면 유사한 상황 속에서 비슷한 패턴으로 화가 치밀어 오르는 것을 느낄 수 있다. 일상에서 화가 날 것 같을 때 그 화를 표출하지 않고 가라앉히는 나만의 방법을 소개한다.

우선 나는 화가 부글부글 끓어오른다 싶으면 크게 심호흡을 세 번 하고 머릿속으로 이렇게 되된다. '나는 고수다.' '나는 고수다.' '나는 고수다.' 지금 이 상황에서 같이 화를 내면 난 상대와 똑같은 사람인 거다. 세 살짜리 아이를 상대로 화를 낸다면 나는 세 살밖에 안 되는 거다. 천 번은 흔들려야 어른이 된다고 하지만 어른은 흔들리면 안 된다. 부모라면 더더욱 흔들리면 안 된다.

누구도 나를 화나게 할 수 없다. 내 속에서 제대로 처리하지 못하고 낸 화를 정당화할 수 있는 길도 없다. 심호흡 세 번 힘차게 한 다음, 화 내지 말고, 단호하게, 가르쳐준다는 마음으로 다시 말하면 된다.

부모의 말과 행동을 통해 많은 것을 배우는 아이들은 감정을 어떻게 처리해야 하는지도 부모를 보고 배운다. 마음에 안 드는 상황에 놓였을 때 상대에게 비난의 화살을 쏘거나, 투덜거리고 화를 내는 등 부모가 표출하는 모든 반응을 아이들은 다 지켜보고 알게 모르게 배운다. '어린아이들 앞에서는 찬물도 함부로 못 마신다.'는 옛말의 뜻을 생각해본다. 우리가 하는 행동 하나하나에 왜 신경 써야 하는지가 이 말에 담겨 있다.

When angry, count ten before you speak;
if you very angry, count to one hundred.

− Thomas Jefferson −

화가 나면 말하기 전에 열을 세어라. 만일 매우 화가 나면, 백을 세어라.

− 토머스 제퍼슨 | 미국의 제3대 대통령 −

책 읽을 시간은
항상 있었다

     책을 읽고 싶은데 책 읽을 시간이 없다는 거짓말은 이제 그만하자. 책 읽을 시간은 항상 있었다. 다만 책보다 더 쉽게 손에 가는 스마트폰에게 책의 자리를 내주었을 뿐.

    아침에 눈 뜨자마자 가장 먼저 하는 행동은 무엇인가? 아마도 휴대폰을 확인하는 일일 것이다. 일단 카톡 창을 확인하고, 인터넷 뉴스 기사 몇 개 보고, 별거 없을 줄 뻔히 아는 메일함도 괜히 열어보고 한 다음 부랴부랴 출근준비 또는 아침 식사준비를 하게 된다. 내게 스마트폰은 '시간 잡아먹는 귀신'이다.

    인스타그램이라는 너무나 매력적인 SNS를 그만둔 지 5년이 넘었다. 전 세계에서 매일 새록새록 올라오는 신통방통한 아이디어, 인형이 아닌가 싶을 정도로 예쁜 사람들, 다들 어쩜 이렇게 잘 살고, 어떻게 이런 멋진 곳에 들락거리는 건지…한번 들어갔다 하면 순식간에 그들이 보여주는 세계 속으로 빨려 들어가 버렸다. 팔로우 버튼만 누르면 실시간으로 올라오는 수많은 사진과 함께. 그렇게 지인에서부터 연예인 계정까지 하나둘 팔로우하다 보니 아침에 눈떠서 하는 일이 인스타그램을 열고, 내가 잠자는 동안 그들이 올린 사진을 멍하게 보는 거였다.

생전 모르는 사람이 인스타그램 추천 아이디에 뜬 것을 보고 누른 다음 '엄청 예쁘네.' 하고 계속 사진을 넘기다가 '세상에 이렇게 젊고 예쁜데 벌써 아들이 고등학생이라고? 헉!' 하고 놀라기도 하고 말이다. 원래 내가 인스타그램을 시작한 이유는 한국어로 된 네이버 블로그에만 올리는 요리와 케이크 사진을 영어로 공유함으로써 외국인들과도 소통하고 싶어서였다. 그런데 소통은커녕 여기저기 기웃거리며 나의 소중한 시간을 마구 버리고 있었던 거다. 하루에 30분씩만 인스타그램을 했다고 하더라도(아마 더했으면 더했지 덜하지는 않았을 듯) 1년 동안 무려 10,950분(182시간 = 8일)을 인스타그램을 들여다보는 데 허비했다는 말이다.

그래서 과연 인스타그램을 통해 무엇을 얻었을까? 전 세계 페이스트리 셰프들의 멋진 작품을 수없이 봤지만 그걸 만들어 볼 시도조차 한 적이 없다. 멀리 떨어져 사는 친구들의 인스타그램을 본다고 나와 그 친구들의 사이가 더 가까워진 것도 아니고, 새로운 인간관계를 맺은 것도 없다. 사진 찍는 실력이 나아진 것도 아니다. 그냥 네모 프레임 안에 원래 찍던 사진을 찍었을 뿐.

그래서 어느 날 용기를 내 인스타그램 계정을 휴면상태로 전환하고 인스타그램 앱도 휴대폰에서 지워버렸다. 그 후 아침에 눈 뜨고 30분이라는 귀한 시간이 고스란히 나에게 주어졌다. 지금은 눈을 뜨면 어제 읽다 만 책으로 먼저 손이 간다. 물론 그 대상은 '책', '공부', '글쓰기' 등 무엇이든 될 수 있다. 우선 지금 내가 하루 중에서 가장 아깝게 시간을 버리는 곳을 찾아내어 그 부분을 삽으로 떠내라는 말이다.

그렇게 삽으로 떠낸 자리에 내가 정말 하고 싶지만 시간이 없다는 핑계로 못했던 일을 집어넣는다. 나에게는 그 일이 '책 읽기'와 '글쓰기'였고, 지금 쓰는 이 책 역시 휴대폰 속 다른 세상을 방황하던 그 시간을 떠내고 새로 끼워 넣은 결과물이다. 다음은 내 나름대로 개발한 책 읽는 습관을 만드는 요령이다.

1. 눈 뜨면 휴대폰 대신 어젯밤 읽던 책을 다섯 쪽 더 읽는다.(잠잘 때는 휴대폰을 멀리 두고, 다섯 쪽을 읽고 잔다) → 이 습관을 들이면 웬만한 책은 한 달에 두 권 넘게 읽을 수 있다.

2. 어디 갈 때는 책 한 권을 가방에 넣어 다닌다. → 하루에도 수많은 틈새 시간이 있는데, 그 시간을 활용하면 많은 책을 읽을 수 있다는 사실에 놀랄 것이다.

아이 옹알이와 함께
엄마는 외국어 공부를!

        신생아를 키우는 엄마들의 가장 큰 고충은 오늘도 어제와 비슷한 하루를 보내야 한다는 사실이다. 아이와 단둘이 집에만 있다 보니 자신만 정체된 것 같아 우울증까지 생기기도 한다. 아이에게 자꾸 말을 걸어주는 게 아이의 발달에 좋다는 걸 알면서도 타고난 수다쟁이가 아닌 한 계속해서 아이에게 말을 거는 것도 힘에 부친다. 이 시기에 가장 추천할 만한 일이 바로 평소에 하고 싶었지만 못했던 외국어 공부이다.

    영어, 중국어, 스페인어, 불어 등 자신이 제일 배우고 싶었던 언어를 고르면 되는데, 공부 방식은 학창 시절 때와는 다르다. 읽고 쓰는 것보다 우선 듣기 말하기 위주로 공부하고, 가장 쉽게 접할 수 있는 미디어를 활용한다. 나는 아이들이 어릴 때 스페인어를 공부했는데, 덕분에 어느 정도 수준의 스페인어를 알아들을 수 있게 되었다. 방법은 간단하다. 기초 스페인어 대화나 문구를 유튜브 영상에서 찾아 크게 틀어놓고, 아이의 눈을 바라보며 큰소리로 따라 하는 거다. 그러면 아이는 엄마와 눈을 마주치며 상호작용을 해서 좋고, 나는 새로운 언어를 배우는 기쁨을 느끼니 일석이조다.

게다가 요즘은 마음만 먹으면 누구나 무료로 쉽게 외국어를 배울 수 있다. 유튜브 강의 동영상이 널려 있고, 외국어 공부를 위한 어플도 엄청나게 많다. 내가 사용한 어플은 게임하듯이 외국어를 배울 수 있는 듀오링고Duolingo다. 기초적인 단어, 문장, 문법 등을 반복 학습을 통해 익히는데, 스페인어뿐 아니라 영어, 불어, 중국어 등 많은 언어를 선택해서 공부할 수 있다.

아이의 성장 개월 수만큼 나의 외국어 실력도 향상된다면?

상상만 해도 즐겁지 않은가? 🧁

Learn as if you would live forever, live as if you would die tomorrow.
– Mahatma Gandhi –

영원히 살 것처럼 공부하고, 내일 죽을지 모르는 것처럼 살아라.
– 마하트마 간디 | 인도의 민족 운동 지도자 –

꿈을 이루고 싶은
모두에게 하고 싶은 말

세상일이 말처럼 호락호락하지 않다는 것. 물론 나도 안다. 하지만 원하는 목표가 있으면 일단 부딪쳐보자. 처음부터 '나는 안 될 거야.' '난 관련 학위도 없고 자격증도 없는걸.'이라고 지레 겁먹지 말자. '나는 꼭 그렇게 될 거야.'라고 자신있게 결심하고, 그 다음 실행할 방법을 찾아보는 것이다. 신기하게도 그렇게 하다 보면 웬만한 길은 다 열리기 마련이다.

다음은 내가 경험하고 터득한 푸드 칼럼니스트가 되는 가장 빠른 길이다.

1. 푸드 칼럼니스트가 되기로 결심한다.
2. 푸드 칼럼을 쓴다.
3. 신문이나 잡지에 연락해서 푸드 칼럼을 쓰게 해달라고 부탁한다.

나는 대학에서 영문학과 경영학을 복수전공하고, 졸업 후 피앤지 Proctor & Gamble라는 외국 기업에서 영업사원으로 일하다가 결혼했다. 결혼 전에는 밥 한번 해보지 않은 게 자랑인 듯 떠벌리고 다녔다. 평생 부엌일을 많이 하셨던 엄마가 딸은 그렇게 살지 않게 하고 싶은 마음에 어릴 적부터 부엌에 들어오지도 못하게 한 결과이기도 했다.

하지만 엄마의 바람과 달리 결혼하고 나서부터 나도 손에 물 왕창 문혀가며 매일 부엌에서 많은 시간을 보내게 되었다. '이럴 줄 알았으면 클 때 부엌에 자주 들어가고 음식도 만들어봤다면 더 잘할 수 있을 텐데.'라는 생각도 들었다. 하지만 늦었다고 생각했을 때가 가장 빠른 법!

결혼 후, 밥을 처음 해봤다. 전기밥솥에 쌀 넣고 버튼 누르는 그 행위조차도 처음! 반찬도 요리도. 전부 다 처음. 070 인터넷 국제전화로 엄마한테 통신 교리로 레시피를 전수받아 그대로 만들어 보았다. 그런데 웬걸, '내가 만들었는데 너무 맛있다!' 요리에 자신감이 잔뜩 붙었고, 요리를 시작한 지 3개월 만에 뜬금없이 푸드 칼럼니스트가 되겠다고 결심했다. 그 말도 안 되는 자신감이 도대체 어디서 나왔는지 궁금하다.

최근에 만든 음식 두 가지를 골라 음식 소개와 레시피를 적고, 농학박사이신 아빠의 도움말을 받아 주재료의 식품 건강 상식을 곁들인 알찬 푸드 칼럼을 써보겠노라는 제안서를 만들었다. 그리고 미주 중앙일보에 푸드 칼럼이 없다는 것을 알고 편집국에 메일을 보냈다. 며칠 뒤 신문사에서 연락이 와서 매주 금요일에 연재를 시작하자고 했다.(신문사

측은 내가 요리 왕초보라는 사실을 전혀 눈치 채지 못한 게 분명했다.)

그때부터 1년, 52주 치 제철 재료 리스트를 만들고, 그중에 할 수 있는 요리를 만들어 2011년 4월 첫 연재를 시작해 2018년 4월까지 7년 동안 MJ's Joyful Kitchen이라는 간판을 달고 400회가 넘는 푸드 칼럼을 연재했다. 칼럼을 쓰며 식자재, 조리법, 다양한 음식에 관해 공부하다 보니 어느새 자신을 '푸드 칼럼니스트'라고 자신있게 소개할 수 있게 되었다.

실패도 많이 하고 레시피도 계속 수정했다. 다양한 식자재의 건강 상식을 덤으로 알려준다는 칼럼의 컨셉에 맞추기 위해 콜라비, 페누그릭, 샐러리악같이 이름도 생소한 식자재로 다양한 조리법을 익혔다. 내가 소개한 레시피가 신문에 활자화 되어 많은 사람에게 읽히는 일은 나의 단조로운 삶에 작은 희열을 느끼게 하기에 충분했다. 그것도 매주!

여러분도 이루고 싶은 무언가가 있다면 지금 당장 그 일을 시작했으면 좋겠다. 만약 그때 '내가 무슨 푸드 칼럼을 쓴다고 그래.' '세상에 요리 잘하는 사람이 얼마나 많은데 신문사에서 내 글을 실어주기나 하겠어?'라고 부정적으로 생각했다면 어떻게 되었을까. '푸드 칼럼니스트가 되려면 제대로 요리 공부를 해야지. 그런데 뒤늦게 지금 요리학교에 가서 뭐가 되겠어?'라며 자격 타령을 했다면 시작 시기는 더 늦어졌을 것이다. 이것저것 재고 따지지 말고 지금 당장 시작하자!

지금 시작해도 이미 늦었기 때문이다.

미국에서 아파트를 렌트하면 주방에 오븐이 설치되어 있는 경우가 많다. 가스레인지가 오븐이랑 일체형으로 되어 있어서 오븐을 이용한 요리와 베이킹을 쉽게 시작할 수 있다. 우리도 신혼 때 방 하나 딸린 아파트에 살았는데 오븐이 설치되어 있었다. 오븐을 보니 '나도 무언가 구워 볼까?' 하는 생각이 들었다. 엄마가 보내주신 쉬운 쿠키, 머핀 레시피 몇 개를 따라 해보았더니 베이킹은 재료 계량만 잘하면 나머지는 어렵지 않았다. 과정을 정확하게 따라하면 예상한대로 결과물이 나오는 재미있는 세계였다.

서점에서 베이킹 관련 책을 훑어보다가 『Flour』밀가루라는 제목의 책을 발견하게 되었는데 일단 저자의 스토리부터 끌렸다. 조안 장Joanne Chang이라는 페이스트리 셰프는 학창 시절부터 쿠키를 구워 친구들에게 나눠주며 큰 즐거움을 느꼈다고 했다. 그래서 아예 'Flour'라는 이름의 베이커리를 보스턴에 열었는데 이 가게(지금은 매장이 9개나 된다)가 엄청난 인기를 끌었다.

　상세하고 정확하게 소개된 레시피에 끌려서 몇 가지 따라 해보았는데 세상에, 정말 맛있는 거다. 책에 소개된 대로 바나나 브레드를 따라서 만들어 본 이후 바나나 브레드를 사서 먹은 적이 없다. 내친 김에 '이 책에 소개된 레시피 150개를 매일 하나씩 만들어 보고 책을 한국말로 번역하면 어떨까?'라는 생각을 하기에 이르렀다. 그리고 다음 날부터 하루에 하나씩 매일 다른 종류의 빵과 쿠키를 집에서 굽기 시작했다.

　거의 다 만들어봤을 때쯤 저자에게 이메일을 보냈다. 내가 책에 소개된 레시피를 전부 만들어봤는데 레시피가 정확하고 결과물이 맛있어서 한국어로 이 책을 번역하고 싶다고. 그리고 이틀 뒤 저자에게서 온 이메일에는 "제안은 고맙지만 이미 한국의 한 출판사와 번역 출판하기로 계약이 되었다."는 답이 적혀 있었다. 너무 아쉬웠다.

　하지만 나는 이 경험을 통해 베이킹의 기초를 착실히 다지는 수확을 거두었다. 집에서 만들면 확실히 더 맛있는 크루아상, 브리오슈 같은 빵도 직접 만들 줄 알게 되었고, 파이와 타르트 같은 디저트류 만드는 법도 책을 보고 배웠다. 베이킹이라는 평생 하고 싶은 일을 찾았기 때문에 번역 출판 프로젝트는 실패가 아니라 성공인 것이다.

　앞으로 또 어떤 시도를 할지 모르지만 인생의 목표를 '성공'이 아니라 조금씩 '성장'하는 데 둔다면, 이 세상에 '실패'란 없지 않을까.

내가 지금 이 일을
해야 하는
단 한 가지 이유 찾기

좋아하는 미국 가수 레이디 가가_{Lady} 아니지만 Gaga의 노래 중에 〈Million Reasons〉라는 곡이 있다. "You're giving me a million reasons"라는 구절로 시작하는데 "당신은 내가 당신을 떠나 보내야 할 백만 가지 이유를 주고 있다."고 반복한다. 마지막 구절은 "I just need one good one to stay"라는 애절한 내용을 담고 있다. 당신 과 함께하면 안 될 백만 가지 이유가 있더라도, 나는 그저 당신 곁을 떠 나지 않기 위한 단 한 가지의 이유만 있으면 된다고.

살다 보면 성별, 나이, 학력, 지위 등 수많은 이유가 우리가 하고자 하는 일을 가로막을 때가 있다. '지금 이 나이에 내가 무얼 한다고' 혹은 '내 주제에 감히 그런 일을 어떻게 해낼 수 있겠어'와 같은 생각이 그것 을 시작하지 못하게 막는 수많은 이유를 부지런히 제공해준다. 하지만 그런 막연한 두려움을 가진 마음의 소리를 차단하고, 내가 그 일을 해야 할 단 한 가지 이유를 찾아내어 밀어붙인다면 세상에 못 할 일은 없지 않을까?

이 글을 쓰고 있는 현재 나는 셋째 아이를 임신 중이고, 코로나바이러스로 인해 학교에 가지 못하고 24시간 돌봐 주어야 하는 어린 두 아이와 집에서 늘 함께하고 있다. 곧 오픈할 카페 준비로 건물 공사까지 들어가 있다. 이런 상황에 에세이를 써서 책을 내겠다고 마음을 먹게 된 것은 훗날이 아닌 '지금' 내가 풀어내고 싶은 이야기가 있고, '이 이야기가 어느 누군가에게는 새로운 시작을 하는 것에 대한 두려움을 조금이라도 줄이는 데 도움이 되지 않을까?' 하는 생각이 들어서였다.

책을 내보지 않은 나 같은 신인에게 출판의 기회가 주어질지조차 모르는 상황에서 에너지와 시간을 글 쓰는 데 투자하는 것은 큰 모험이다. 하지만 '지금 아니면 안 될 것 같은' 마음, '꼭 이루고 싶다는' 마음, 내 마음속에서 울려 퍼지는 그 '한 가지 이유' 때문에 이 일을 계속할 수 있었다.

내 주변에도 결혼하고 아이 키우다가 어쩔 수 없이 경력이 단절된 여성들이 정말 많다. 나는 그분들에게 어떻게 새로운 일을 시작해야 할지 모르겠다고 불안해하거나 걱정하지 말라고 응원하고 싶다. 자신이 잘할 수 있는 일을 하나씩 찾아서 문을 두드리면 재취업이나 창업의 기회는 얼마든지 있다고 생각한다. 나도 외국계 기업에 다니다 결혼과 동시에

'경단녀'가 되었지만, 언제든지 새로운 일을 시작할 수 있다는 밑도 끝도 없는 자신감을 갖고 있다. 이런 자신감은 상대방에게도 전달되어 면접을 보거나 새로운 사람을 만나 이야기할 때 상대방에게 좋은 인상을 주어서 좋은 기회를 잡을 확률이 높아질 것이라고 생각한다.

스스로 '일을 안 한 지 너무 오래되어서 자신이 없다.'고 생각하고 위축된다면, 그런 웅크린 마음이 알게 모르게 상대방에게 전달될 것이다. 이렇게 되면 '그것 봐, 내가 안 될 거라고 했잖아.'라는 자기 실망감까지 더해지는 악순환이 계속된다.

지금보다 더 많은 여성 동지들이 내가 이 일을 꼭 하고 싶은 그 '한 가지 이유'를 찾아서 앞으로 나아갔으면 좋겠다. 뒤늦게 일을 새로 시작해서 성공했다는 이야기를 들으면 힘이 난다. 그 사람이 해냈다면, 나도 해낼 수 있을 거라고. 그리고 내가 해낸다면, 나의 이야기를 들은 누군가 역시 힘을 얻게 될 거라고 믿는다.

The best way to get started is to quit talking and begin doing.
– Walt Disney –

무엇인가 시작하려면 입을 다물고 행동으로 옮겨야 한다.
– 월트 디즈니 | 미국의 애니메이터 –

빼빼로 데이에 빼빼로 돌리는 게 잘못인가요

난 머리가 좋은 편이 아니다. 그래서 학창 시절에 남 잘 때 안 자고 공부해야 그나마 성적을 유지할 수 있었다. 추리능력이나 논리적인 사고능력이 내가 생각해도 부족했기에 시험 볼 때는 교과서와 참고서를 그냥 통째로 외우는 수밖에 없었다. 그리고 전과목을 고루 잘 봐야하는 수능시험에는 자신이 없어서 아예 대입수학능력시험(수능)을 보지 않고 대학에 가는 방법을 택했다. 수능시험에는 자신이 없지만 면접관 앞에서 내 생각을 조리 있게 표현할 자신은 있었다. 그래서 내신성적과 교내외 수상 경력, 교장선생님 추천서로 대학에 지원했고, 이화여자대학교와 서강대학교에 조기 합격할 수 있었다.

서강대 영문학과를 지원했을 때 면접관이신 고 장영희 교수님이 황석영 작가의 소설 '소나기'의 줄거리를 영어로 이야기해보라고 하셨다.

175

정말 말도 안되는 영어 실력으로 줄거리를 조잘조잘 이야기했고 다행히 입학이 되었다. 대학에 들어갈 수 있는 방법이 수능 한 가지뿐이었다면 불가능했을 것이다.

자신이 가진 단점을 고치려고 애를 쓰는 것도 좋지만, 어느 정도 나이가 든 후에는 장점을 부각하고 단점은 밉지만 그냥 단점으로 놔두거나 감추는 게 나을 때가 있다. 내가 해도 해도 늘지 않는 수학과 물리 공부에 매달리는 대신 자신을 돋보이게 하는 상을 받으려고 노력한 것처럼.

입시전형처럼 우리의 삶도 모두에게 맞는 길이란 없다. 누군가에게는 안정적인 삶이 보장되는 공무원이 최고의 직장이 될 수 있고, 또 누군가는 매일매일 역동적인 사업가로 사는 삶을 사랑할 수도 있다. 물론 지금의 나처럼 전업주부로 살면서 큰 행복감을 느끼는 이들도 있다.

나는 대학 졸업 후 외국계 회사의 영업 부서에서 일을 시작했다. 입사 후 얼마 지나지 않아 '빼빼로 데이'(11월 11일)였다. 엄마가 만드신 빼빼로가 집에 많아서 이를 하나씩 포장해 가지고 가서 회사 직원들 책상 위에 모두 올려놓는 기행을 저질렀다. 못 받아 섭섭해할 사람이 없도록 '이왕 줄 거면 다 주자!'는 즐거운 마음으로 빼빼로를 돌리고 있었다. 그런데 아무도 없는 줄 알았던 그 시간에 어느 팀장 한 분이 책상에 앉아 있는 것이었다. 조심스럽게 다가가 빼빼로를 책상 끄트머리에 두며 "오늘 빼빼로 데이라서요~"라고 하니, 너무도 차가운 표정과 말투로 "민진

님, 이런 거 할 시간에 공부나 더 하세요!"라고 하는 게 아닌가. 그날 사람들로부터 빼빼로 고맙게 잘 먹었다는 인사를 많이 들었지만 그런 인사는 하나도 귀에 들어오지 않고, "이런 거 할 시간에 공부나 더 하라"는 그 팀장 지적만 귀에 맴돌았다.

그 일 때문은 아니지만 3년을 다니고 그 회사는 그만두게 되었다. 그리고 지금 나는 그 팀장이 '이런 거 할 시간에 공부나 더 하라'고 핀잔을 주었던 그런 일을 계속하고 있다. 내가 만든 쿠키와 빵을 사람들에게 나누어주는 일을 하니 말이다. 당시 회사에서 빼빼로를 돌리던 행위가 누군가에게는 직장인으로서 프로답지 못했겠지만, 나는 그 빼빼로를 통해 귀한 인연을 많이 얻었다. 인생 멘토도 그 회사에서 만났다. 모든 일에 정답은 없다. 내가 가진 재능을 조금 더 들여다보고, 이를 활용하면 삶이 더욱 풍요로워진다고 믿는다. 그래서 오늘도 나는 남들이 안 하는 일, 나만이 할 수 있는 일, 내가 더 잘 할 수 있는 일을 열심히 찾아 나선다.

You learn so much from taking chances,
whether they work out or not. Either way, you can grow
from the experience and become stronger and smarter.

– John Legend –

성공 여부와 상관없이 기회를 잡는 것에서 많은 것을 배울 수 있다.
어떤 쪽이든 경험을 통해 성장하고 더 강해지고 영리해질 수 있다.

– 존 레전드 | 미국의 R&B 가수 –

✳ 좋아하면서
잘할 수 있는 일을
찾는 법

미국에 온 지 일 년쯤 지났을 때 동네 문구점에서 진행하는 초보자를 위한 윌튼 케이크 클래스에 신청했다. 일주일에 한 번 하는 한 달 수강료가 35달러로 저렴했기 때문인데, 막상 시작해 보니 재미가 있어 고급과정까지 다 들었다. 고급과정 수료를 앞두고 나를 가르치는 선생님이 "당신은 감각이 좀 있는데 다음 달 버지니아에서 열리는 케이크 대회에 한 번 나가보는 게 어때요?"라고 했다. 나는 '오호? 그런 대회가 있다고?'라며 속으로 쾌재를 불렀다.

바로 온라인으로 참가 신청하고, 대회 규정과 어떤 케이크를 만들어야 하는지를 읽어봤더니 당시 런던 올림픽이 코앞이라 런던 올림픽과 관련된 케이크를 만드는 것이었다. 그래서 올림픽, 런던 올림픽, 마스코트, 영국 문화 등을 조사해서 스케치하고, 올림픽 36개 종목을 모두 픽토그램 방식으로(검은색 설탕 종이를 조각칼로 일일이 다 파내어서 만들었다) 만들어 붙였다. 런던을 상징하는 건축물과 로큰롤 문화 등을 표현하고, 올림픽을 상징하는 마스코트를 만들어 붙인 5단 케이크를 만들어서 제출했다. 운좋게도 내가 참가한 초보 부문에서 1등을 했다.

시상식에 가면 누가 만든 케이크인지 알 수 있기 때문에 만든 사람을 만나 인사하고 어떻게 만들었는지도 물어본다. 케이크인들의 축제이다. 그 뒤에도 동부의 또 다른 대회인 Great American Cake Show에도 출전해 2013년, 2014년 연속으로 전체 대상을 받았다. 나는 어떤 케이크가 사람들의 시선을 끄는지 살펴보고 나만이 가진 강점을 최대한 끌어내는 방식을 구사했다. 나의 강점은 '반복적이고 세밀한 작업도 즐겁게 한다는 것'과 내가 '한국에서 온 것'이다. 그래서 미국 사람들에게 생소한 한복, 자수, 문화재의 기둥이나 문양 같은 것에 주목했고, 이를 접목해 한국의 전통미가 돋보이는 돌 케이크를 만들었다.

아직 자신이 좋아하는 일을 찾지 못했다면, 어렸을 때 어떤 걸 좋아했는지부터 떠올려보면 좋겠다. 집에 앉아 꼼지락거리면서 무언가 만들기를 좋아했는지, 일기 쓰기를 좋아했는지, 사람들 앞에서 말하거나 노래하기를 좋아했는지, 아니면 밖에 나가 땀 흘려 운동하는 것을 좋아했는지 말이다. 좋아하는 일을 업으로 삼지 않더라도, 좋아하는 일을 평생 즐기는 취미로 만들고, 나아가 같은 취미를 가진 사람들과 함께하는 자리를 찾아 나서다 보면 또 다른 삶의 기회가 생길 수 있다.

나 역시 문구점에서 강의를 듣고 케이크 만들기를 시작했는데, 케이크 대회에서 대상을 받고, 돌 케이크와 웨딩 케이크를 주문받아 만들어 파는 수준이 되었다. 한국에 가서 케이크 데코레이션 강의까지 진행하게 될 줄 누가 알았겠는가. 하지만 이는 내가 케이크에 그림을 그리고, 세상에 없던 무언가를 만들고, 대회에 출전하는 것을 두려워하지 않았기 때문에 이룰 수 있었다. 골프에 조금 소질이 있다고 생각되면 지역 골프 대회에 나가보고, 수영에 좀 자신이 있으면 동네 수영 대회라도 나가보자. 일등 하겠다는 욕심도 좋지만, 출전 준비하며 얻는 삶의 작은 희열은 결과 못지않게 의미가 크다. '좋아하는 일을 다른 사람과 함께하면' 더 많이 성장하고 더 흥미진진한 삶을 살 수 있지 않을까.

You go back. You search for what made you happy
when you were smaller. We are all grown up children, really.
So one should go back and search for
what was loved and found to be real.

– Audrey Hepburn –

돌아가 보아라. 당신이 더 어렸을 때 당신을 행복하게 만들었던
것들을 찾아보라. 우리 모두 다 큰 아이들이다. 그러므로 우리는 돌아가서
자신이 사랑했던 것과 진실이라고 믿었던 것을 찾아봐야 한다.

– 오드리 햅번 | 영국의 영화배우 –

노래 잘하는 새만
노래하라는
법은 없으니까

어린아이 셋을 키우며 블로그에 글과 사진을 올리고, 레시피를 만들어서 유튜브에 요리, 베이킹 튜토리얼을 촬영하고 편집해서 올리고, 또 틈틈이 글도 쓴다. 시어머니는 이런 나를 걱정하며 "아이를 키우는 동안에는 유튜브까지 하는 건 너무 무리인 거 같다. 잘하고 유명한 사람들이 이미 유튜브에 많더라. 나중에 아이들 크면 해라."는 말씀을 하신다.

솔직히 속이 좀 상했다. 내가 하고 싶어서 하는 일이고, 어느 것 하나 소홀하게 하고 싶지 않아 누구보다도 열심히 살고 있다고 자신하는데 격려가 아니라 하지 말라고 하시다니.

나도 안다. 이미 유튜브에는 10만, 100만 구독자를 가진 유명한 유튜

버들이 자리를 잡아 나보다 더 훌륭한 콘텐츠를 1초에도 수백 개씩 생산해 내고 있다는 사실을.

나도 안다. 나보다 글을 잘 쓰는 작가들이 좋은 책을 매달 출간하고 있다는 사실을. 게다가 나는 육아 전문가도 아니고 글을 전문적으로 쓰는 사람도 아니라는 사실을.

하지만 노래 잘하는 새만 노래를 부르라는 법이 어디 있단 말인가? 이런 소리 저런 소리가 모여 그 아름다운 숲속의 연주가 이루어지는 것인데. 수많은 별이 빛나는 하늘에서 나의 작디작은 별 하나쯤 반짝이지 말라는 법은 없다.

세상에서 제일 맛있는 초콜릿칩 쿠키를 만들 수 있는 방법은 사람마다 다 다른 법인데, 이미 누군가가 맛있는 레시피를 공개했다고 해서 내 레시피를 소개하지 말라는 법은 없지 않은가.

바야흐로 지금은 수건 하나만 기가 차게 잘 개도(정리하는 법을 영상으로 올릴 수도 있고), 글씨 하나만 끝내주게 잘 써도(ASMR이라 불리는 마음이 평온해지는 영상을 올릴 수도 있으며, 글씨체를 판매할 수도 있다), 춤만 잘 추어도(집안일 하면서 춤추는 영상을 올릴 수도 있고) 그 모든 것이 콘텐츠가 되고, 자신의 브랜드가 될 수 있는 세상이다.

지지배배 울리는 자신의 마음속 소리를 무시하지 말자.

누군가가 나의 꿈을 짓밟으려 하거든 더 기를 쓰고 내 마음의 소리에 귀를 기울이자.

쳇바퀴처럼 돌아가는
일상에 지치는 날에는

아침 식사를 준비하고, 아이와 열심히 놀다가 점심을 챙겨 먹이고, 낮잠을 재우고, 또다시 놀아주다가 저녁을 준비하고, 설거지하고, 양치질을 시키고, 목욕시키고, 어제 읽었던 책을 읽고, 또 읽어주며 자기 싫다는 아이를 억지로 재운다. 매일 쳇바퀴처럼 돌아가는 일상에 지치고 힘든 날들이 분명히 있다. 오늘이 어제 같고, 내일도 오늘 같은 하루가 될 것 같고. 남들은 다 잘나가는 것 같은데 나만 집에서 똑같은 동작을 무한 반복하는 것 같은 느낌.

그러나 매일 비슷한 하루인 것 같지만 잘 들여다보면 매일이 다른 경이로운 날들이다.

일상이 반복적이고 지루하다는 생각은 내가 성장하지 않는다는 생각이 들 때 찾아온다. 우리 모두에게 공평하게 주어진 '하루'라는 시간을 꾸려나가는 것은 전적으로 나에게 달려있다. 계획 없이 시간이 흘러가는 대로, 해야 하는 일만 그때그때 처리하면서 시간을 보내면, 어느 순간 무력감과 함께 왜 나의 하루는 이렇게 길고 힘든지 불만이 생길 수밖에 없다.

'어제보다 0.1cm라도 성장한 나'를 만들기 위해서는 매일 새로운 영어 단어 한 개씩이라도 외우자! 아니면 '매일 스쿼트를 100번씩 하자!'는 미션을 스스로 부여하는 것도 좋다. 평소에 해 먹지 않던 새로운 요리나 베이킹을 시도하는 것도 큰 도움이 될 것이다.

오늘 하루가 신나지 않고 그저 그러했다면, 지금의 일상에서 나를 조금이라도 성장시킬 수 있는 방법은 무엇이 있을지 한번 생각해보면 좋겠다. 세상을 바꾼 발명가들 역시 없던 무언가를 갑자기 짠! 하고 만들어 낸 건 아닐 것이다. 매일 같은 방식으로 해오던 어떤 일을 '조금 더 편하고 좀 더 나은 방식으로 변화시킬 수 없을까?' 이런 고민을 수없이 하는 데서 새로운 발명이 탄생하는 것 아닐까? 🍰

It's been my experience that you can nearly always enjoy things
if you make up your mind firmly that you will.
– Lucy Maud Montgomery, Anne of Green Gables –

제 경험상 그렇게 하겠다고 굳게 결심하면
거의 항상 즐길 수 있게 되더라고요.
– 루시모드 몽고메리 | 빨강머리 앤에서 –

✳ 지금 할 수 있는 일에 집중하기

혼자 아이들을 키우면서 힘든 점을 열거하자면 밤을 새워도 모자라겠지만, 나에게 가장 힘든 일은 '내가 하고 싶거나 하려고 했던 일'을 아이들 돌보느라 못하는 것이었다.

어떤 날은 설탕 공예를 다시 시작하기로 결심하고 하루에 한 송이 아니 한 잎이라고 피워내려고 도구들을 지하실에서 가지고 올라와서 짬나는 대로 설탕 반죽을 손에 쥐고 주물러 본다. 성공을 위한 첫걸음은 뭐니 뭐니 해도 실행이라는 생각으로. 언제 어떻게 할 수 있을까를 생각하기 이전에, 무엇을 만들지에 대한 구체적인 생각 없이 일단 자리에 앉아서(때로는 서서) 반죽을 조물조물 만지작거리고 있으면 꽃봉오리가 하나 생긴다. 엮으면 참 예쁠 것 같은 잎사귀도 반복적으로 여러 개 만들어 본다.

그러고 있으면 어김없이 아이가 쪼르륵 달려와서 옆에 앉아 같이 만들고 싶다고 한다. 예전 같으면 '나중에 애 잘 때 해야지!' 하고 중단했을 텐데, 지금은 가위나 칼같이 위험한 것들만 재빠르게 치우고 아이에게 반죽을 떼어준다. 옆에서 아이가 무엇을 하든(방금 애써 내가 만든 꽃잎을 뭉개 놓는다고 하더라도), 지금 이 혼돈의 순간에 내가 할 수 있는 일을 한다.

그런 일 중의 하나는 자갈 만들기나 베리 종류를 만드는 건데, 자갈을 여러 가지 모양과 색으로 만들어 보는 것이다. 만들고 싶은 작품이 있는데, 이미지는 머릿속에 그려지지만 그걸 어떻게 하면 실제 케이크의 형태로 구현할 수 있을지 아직 모르겠다. 최근에 읽은 책 구절에서 "방법을 찾고 나서 일을 시작할 생각을 하지 말고 일단 시작하면 방법이 보인다."라는 글귀가 마음에 확 와닿았다. 맞는 말이다. 세밀한 스케치와 완벽한 준비를 한 후에 시작하려고 생각하면 시작을 아예 못할 경우가 많다. 하지만 일단 시작하면 방법을 찾기가 더 수월하다.

시간이 없다고 투덜대지 말고, 지금 이 상황에서 내가 할 수 있는 일에 집중할 것. 조금씩이라도 매일 무언가 만들어 보자고 스스로에게 말을 건넨다. 현실적인 상황을 바꿀 수 없을 때는 내 생각의 각도만 살짝 바꿔도 전혀 다른 삶의 태도로 하루를 보낼 수 있다.

지금 종이에 한 번 써보자.

"오늘 내가 집중해서 하고 싶고, 이루고 싶은 일은 무엇인가?" 라고.

다음에는 그 일을 언제 어떻게 할 수 있을까는 묻지 말고 일단 시작해보는 거다. 시작이 반이라는 말은 진리다. 🌸

✳ '직업'란에 내가
하고 싶은 일을 적어보기

비행기에서 내리기 전에 승무원이 나눠주는 입국신고서에 직업Occupation을 적어내는 칸이 있다. 그 직업에 종사하는지 확인하지는 않기 때문에 나는 이 공간을 내가 하고 싶은 일이나 갖고 싶은 직업으로 채우는데 은근히 재미있다. 전업주부이지만 '앞으로 일을 한다면 어떤 일을 하고 싶은가?'를 생각해보고 그 일을 직업란에 쓰는 거다. 그리고 내가 정말 그 일에 종사한다면 어떤 느낌일지 그 기분을 상상하고 느껴본다. 그 모습을 상상하면 마음이 설레고 입가에 미소가 지어진다면, 그 일이 내가 하고 싶은 일일 것이다.

내가 정말 하고 싶은 일이 무엇인지 모르겠다는 사람들은 비행기를 타거나 본인의 진짜 직업을 이야기하지 않아도 되는 상황에서 나처럼 해보기를 권한다. 자신이 원하는 직업에 종사하고 있는 사람처럼 적어내거나 그런 식으로 말을 해보는 것이다. 그저 멋있어 보여서 그 일을 하고 싶은 것인지, 아니면 정말 일하고 싶은 분야인지 써보면 좀 더 분

187

명하게 아는 데 도움이 될 것이다.

하고 싶은 게 참 많은 나는 몇 년 전부터 내 직업을 '예술가'Artist라고 소개한다. 새로운 음식 레시피를 만드는 것, 세상에 없던 디자인의 케이크를 만드는 것 모두 다 예술이라고 생각하기 때문이다. 어린아이들과 어제와 다른 하루를 꾸려나가는 것 역시 일종의 예술이다. 그래서 수입도 직책도 없는 전업주부이기는 하지만 늘 나를 예술가라고 포장해왔다. 나를 작가Writer라고 쓰거나 표현한 적도 많은 데 신문에 요리 칼럼을 썼으니 작가이고, 거의 매일같이 블로그에 글을 쓰는 '작가'이기도 하니 거짓말을 하는 건 아니다. 그리고 자신을 '예술가'나 '작가'라고 표현하면 나의 가슴은 매번 콩닥콩닥 뛴다.

내가 무엇을 하는 사람이라고 표현할 때 나의 심장이 뛰는지 알고 싶다면 직업란에 그걸 써보자. 내가 진정으로 원하는 무언가를 찾기에 생각보다 효과가 있는 방법이다. 🧄

The two most important days in your life are the day you are born and the day you find out why.

– Mark Twain –

당신의 인생에서 가장 중요한 두 날은
당신이 태어난 날과 태어난 이유를 찾는 날이다.
– 마크 트웨인 | 미국의 소설가 –

험담 말고
발전 있는 수다 떨기

"그래, 이제 시부모님 흉 좀 봐봐."

'앗? 지금 내가 무슨 말을 들은 거지?' 그리고 그 친구는 이제 내가 알던 그 친구가 아니게 되었다.

누굴 만나서 남편이나 시댁 자랑을 늘어놓은 적도 없지만, 남편 흉이나 시댁 식구 흉을 본 적도 없다. 세상에 완벽한 사람은 없고, 각자 가정에는 나름의 문제와 행복이 있는데, 그걸 남한테 미주알고주알 이야기할 필요가 있을까 싶어서다. 대화를 나누다 보면, 상대는 아무렇지도 않게 내가 한 말을 전하게 되는 경우가 있는데, 그 말 때문에 누군가는 상처를 받을 수도 있다. 말이라는 게 그렇다.

나 역시 정말 친한 친구에게 그동안 아무에게도 말한 적 없는 비밀을 털어놓은 적이 있는데, 그걸 다른 친구한테 역으로 전해 들으며 큰 충격을 받았던 적이 있다. 물론 그 친구한테 왜 그 이야기를 떠벌리고 다니냐고 따지지는 않았지만, 그 후로 그 친구에게는 나의 속내를 더 내보이지 않게 되었다.

될 수 있으면 기분 좋고 건설적인 대화를 나누고 싶다. 상대의 조언이 필요한 게 아니라 그냥 험담을 위해 가족 이야기를 하고 싶지는 않다. 내가 읽은 책 중에서 추천해주고 싶은 책, 최근에 본 영화 중에 아이들과 같이 보면 좋을 영화, 맛있는 식당, 재미있는 에피소드, 다음에 같이 어디에 함께 가보자는 제안 등을 주로 이야기한다. 시간을 내어 만났는데 서로 조금이나마 삶에 도움이 되는 이야기를 하는 게 좋지 않을까?

남 흉만 실컷 보다가 헤어지면 말을 할 당시에는 속이 후련할 수도 있겠지만, 헤어지고 나면 기분이 찜찜하다. 하지만 기분 좋은 대화가 오고 간 뒤에는 "오늘 누구를 만났는데, ○○ 영화가 정말 재밌다고 추천해줬어. 우리도 주말에 같이 볼까?"라며 집에 가서 가족 누군가에게 이야기하면서 즐겁고, 또 다음에 그 사람을 만났을 때 "그때 추천해준 ○○를 봤는데 정말 좋았어요."라고 해주거나, 그 사람으로부터도 "그때 추천해준 ○○을 먹어봤는데 너무 맛있었어요." 같은 이야기를 전해 들으면 기분이 정말 좋다.

내가 가지고 있는 정보를 서로 나눔으로써 이 사람도 행복해지고, 나는 그 경험을 또다시 한 것과 같은 기분까지 누릴 수 있다. 오늘 누군가를 만난다면 첫째, 남 흉보기는 절대로 하지 않기. 둘째, 내가 가진 무언가를 나누어주기를 꼭 실행해보시길.

나는 누군가를 만나러 약속 장소로 갈 때 '오늘 이 사람과 이야기하면서 무엇을 줄 수 있을까?'라는 생각을 한다. 나에게 귀한 시간을 내어준 그 사람에게 아주 사소한 것이라도 도움이 될 수 있는 선물 같은 이야기를 하나쯤은 해주고 싶은 마음이다.

이런 마음으로 누군가를 대하면 알찬 대화를 나눌 수 있다.

어찌 되었건. 거, 남 흉 좀 보지 맙시다. 🍰

> You are the sum total of everything you've ever seen,
> heard, eaten, smelled, been told, forgot - it's all there.
> Everything influences each of us, and because of that I try to
> make sure that my experiences are positive.
>
> – Maya Angelou –
>
> 여러분은 여러분이 보고, 듣고, 먹고, 냄새 맡고, 말하고,
> 잊어버린 모든 것의 총합이다. 모든 것이 거기에 있다.
> 모든 것이 우리 모두에게 영향을 미치며, 그 때문에 나는 내 경험이
> 긍정적으로 되도록 노력한다.
>
> – 마야 앤절로 | 미국의 시인, 작가, 배우 –

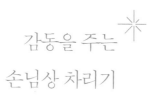

감동을 주는
손님상 차리기

요리를 조금 할 줄 알게 되면서부터 손님들을 종종 우리 집 식탁에 모셔 음식을 대접했다. 맛있는 음식을 가운데 두고 나눠 먹으며 시간을 보내는 게 참 좋다. 요리를 잘해서가 아니라 누군가와 함께하는 이 시간이 소중하고 좋은 거다.

미국에서 만난 친구들 중에는 자신이 자란 문화적, 종교적 배경이나 식성 때문에 아예 안 먹는 음식이 한두 개씩 있었다. 그래서 나는 식사하고 간 사람들이 먹은 음식과 안 좋아하는 식재료 등을 적어두는 노트를 마련했다. 제7안식일교회에 다니는 친구는 새우나 돼지고기는 입에 대지 않았고, 유대인 전통을 따르는 친구는 코셔 Kosher: 유대교의 율법에 따라 식재료를 선택하고 조리한 음식 인증을 받은 음식이 아니면 먹지 않았다. 어렸을 때부터 싫어했다며 토마토가 들어간 음식은 절대 안 먹는 친구도 있었다. 나는 그들의 식성을 노트에 일일이 적어놓고 다음 초대 때 참고한다. 그리고 같은 음식을 또 대접하지 않는다는 나만의 룰도 있어서 노트에 적어두는 정보는 다음 메뉴를 정할 때 도움이 된다.

다음은 손님을 식사에 초대하면서 쌓은 나만의 비결이다.

1. 메뉴와 작업 순서 정하기

초대 손님에 맞는 메뉴를 정한 다음 노트에 레시피와 준비할 사항, 작업 순서, 소요 시간 등을 상세히 적는다. 옥수수는 몇 시부터 찌고, 샐러드 드레싱과 양념을 미리 만들어 둘 것, 장식으로 사용할 파슬리와 레몬을 미리 준비하기 등등. 자세히 적어두면 당황하지 않고 차근차근 음식을 준비할 수 있다.

2. 설거지는 미리 해두거나, 못하게 되면 숨겨라도 두기

우리 집에 온 손님이 마음 편히 식사를 즐기고 갔으면 좋겠다. 싱크대에 설거지가 잔뜩 쌓여 있고, 집주인은 음식 준비한다고 분주하게 움직이면 손님이 가만히 앉아 있기가 미안하다. 손님이 거북한 마음이 들지 않도록 가능하면 음식을 준비하면서 나오는 설거지는 미리 해두거나, 큰 대야에 모아 다용도실 같은 곳에 치워둔다. 다음날 일거리가 많아지더라도, 오늘 우리 집에 놀러 온 귀한 손님이 팔 걷어붙이고 설거지하게 만들고 싶지 않다.

3. 웰컴 드링크 준비하기

6시에 초대했다고 해서 정확히 6시에 모든 음식이 마무리되어야 하는 것은 아니다. 음식을 접시에 담아 나르는 일은 손님이 자리에 앉은 다음 해도 된다. 도착한 손님이 어디 앉아야 할지, 무얼 해야 할지 어정쩡한 상황이 연출되지 않도록 웰컴 드링크와 간단한 치즈&크래커를 준비해 둔다. 칵테일이나 시원한 음료를 예쁜 잔에 담아 건네고 인사를 나누기 시작하면 한껏 여유를 부리며 상차림을 할 수 있다.

4. 정리보다는 청결이 우선

손님을 초대할 때 가장 신경 쓰는 부분은 화장실이다. 세면대와 변기는 꼼꼼히 닦고 수건도 깨끗하고 예쁜 것으로 걸어 둔다. 예쁜 집에 초대받아 갔는데 거무스름한 물때가 변기에 쭉 둘려 있는 건 곤란하다. 화장실은 깨끗하게 청소해두기! 나의 철칙이다.

5. 새로움을 경험하게 하기

손님에게 무슨 음식을 대접했고, 손님이 그걸 좋아했는지 등을 기록해 둔다. 손님이 좋아하거나 싫어하는 음식에 대해 말한 것도 적어놓는다. 다음에 그 손님을 초대할 때는 이 노트를 토대로 메뉴를 구성한다. 우리 집에 오는 사람에게는 사소한 경험 하나라도 새로 맛보는 즐거움을 안겨드리고 싶다. 그런 배려는 받아본 사람은 안다.

스티브 잡스가 남긴 말

"점들을 연결하라!"
Connect the dots!

지난 2005년 스탠퍼드대Stanford University 졸업식에서 애플컴퓨터 창립자이자 최고경영자인 스티브 잡스 Steve Jobs의 축사를 기억하는 사람이 많을 것이다. 이 연설에서 스티브 잡스는 애플을 창업하고, 자신이 창업한 회사에서 쫓겨난 일과 이를 통해 겪은 좌절과 재기, 사랑, 인생, 죽음에 관해 이야기하면서 젊은이들에게 현실에 안주하지 말고 끊임없이 꿈을 꾸라고 했다.

특히 이 연설에서 그가 "점들을 연결하라."Connect the dots고 한 유명한 대목은 내가 삶을 긍정적으로 살아가는 데 아주 큰 힘이 되고 있다. 우리 삶에서 점과 같은 순간의 자취들이 이어져서 아름다운 궤적을 만든다는 의미일 것이다. 지금 내가 하는 이 일이 나중에 어떤 결실로 이어질지는 아무도 모른다. 그러니 지금 자신이 하는 일이 무의미하다고 생각하지 말자. 그래서 나는 힘든 일을 당해도 '지금 이 상황에서 내가 취할 수 있는 최고의 마음가짐과 태도로 임하자!'라며 각오를 다진다.

이 연설문의 일부를 소개한다.

You can't connect the dots looking forward; you can only connect them looking backwards. So you have to trust that the dots will somehow connect in your future. You have to trust in something — your gut, destiny, life, karma, whatever. Because believing the dots will connect down the road, it gives you confidence to follow your heart; even when it leads you off the well-worn path. - Steve Jobs

점들을 미리 연결해 볼 수는 없습니다. 점들이 어떻게 연결되었는지는 과거를 뒤돌아볼 때 비로소 알 수 있을 뿐입니다. 그러므로 지금의 이 점들도 언젠가는 서로 연결되어 있을 것이라고 믿어야 합니다. 배짱이든 운명이든 인생이든 인연이든 그걸 뭐라고 부르던 믿어야 합니다. 그 점들이 서로 연결될 것이라는 믿음은 여러분에게 가슴이 이끄는 대로 살아갈 자신감을 줄 것입니다. 그 믿음이 여러분을 편한 길 대신 험한 길로 이끌지라도 말입니다. - 스티브 잡스

살다 보면 하기 싫은 일, 하찮아 보이는 일도 해야 할 때가 있다. 하지만 나는 스티브 잡스의 말처럼 내가 지금 무엇을 하든지 나중에 돌이켜보면 그 '점'들이 연결되어 나만의 강력한 스토리가 탄생할 것이라고 믿는다. 어떤 일을 처음 시작할 때는 이 일이 어떤 식으로 펼쳐지게 될지, 내 인생에 어떤 터닝 포인트가 될지 모른다. 도중에 장애물이 나타나 나의 길을 방해할 수도 있다. 하지만 지난 일들을 돌이켜보며 예기치 못한 '점'들 덕분에 지금의 내가 있다는 것을 깨닫게 될 것이다. 그때가 내 인생의 아주 중요한 '시점'이었음을 알게 될 것이다.

그러니, 내가 지금 하는 일이 무의미하게 느껴진다면?

아무도 알아주지 않는 고된 일을 혼자만 하고 있다고 느껴진다면?

잘나가고 있었는데, 누군가 내 인생에 브레이크를 거는 것같다면?

스티브 잡스의 'Connect the dots'를 떠올려봤으면 좋겠다.

아이와 숨바꼭질을 백 번은 하며 보낸 오늘 하루도, 시어머니 생신이라 온종일 부엌에서 음식을 만든 어제의 하루도, 상사의 지시를 잘못 알아들어 일을 처음부터 다시 시작해야 했던 그저께의 하루도, 돌이켜 보면 모두 '점'들이 되어 서로 의미 있게 연결되어 있을 것으로 나는 믿는다. 얼마나 짜릿한가?

오늘도 멋진 '점'을 찍는 하루를 보내시길!

달콤한 행복을 입안 한가득

브라우니 쿠키

—

Brownie Cookie

한입 베어 물면 촉촉한 브라우니를 먹는 듯한 기분이 드는,
어른 아이 모두에게 사랑받는 브라우니 쿠키 레시피이다. 오븐에서 꺼내자마자
알록달록한 m&m초콜릿을 윗면에 콕콕 박으면 시선을 사로잡는 쿠키가 된다.
아이들이 자주 가는 놀이터에 이 쿠키를 만들어간 적이 있는데,
그날 나는 아이돌 부럽지 않은 인기 스타가 되었다.

브라우니 쿠키

(10개용)

Ingredients

버터 48g(실온상태)

황설탕 40g

흰설탕 10g

소금 ¼t

계란 32g(실온상태)

바닐라 익스트랙 ¼t

다크 초콜릿 66g

중력분 50g

코코아가루 10g

베이킹파우더 ½t

미니 m&m 초콜릿

How to make

1. 볼에 버터를 넣고 핸드믹서로 가볍게 풀어준다. 설탕과 소금을 넣고 부드러운 크림 상태가 되도록 믹싱한다. 계란을 조금씩 넣으며 1분 정도 충분히 섞는다. 중탕으로 녹인 초콜릿을 넣어 섞는다. 가루재료(중력분, 코코아가루, 베이킹파우더)를 체에 쳐서 넣고 주걱으로 섞는다. 반죽을 냉장고에 30분 이상 넣어둔다.

2. 오븐을 180도로 예열하고, 베이킹 팬 위에 테프론시트를 깔아준다.

3. 냉장고에 넣어두었던 반죽을 꺼내어 20g씩 동그랗게 빚어 베이킹 팬 위에 간격을 두고 올려준다. 예열된 오븐에 넣고 7분 구운 후 오븐에서 꺼내자마자 m&m초콜릿을 윗면에 박아준 다음 완전히 식힌다.

입안에서 눈처럼 사르르 녹는

스노우볼 쿠키

—

Snowball Cookie

새하얀 눈이 수북이 덮인 것 같은 모양의 스노우볼 쿠키는
재료와 만드는 과정이 간단해서 아이들과 함께 만들기에 아주 좋은 쿠키이다.
한입에 쏙 들어가는 이 작은 쿠키는 입안에서 사르르 눈처럼 녹는데,
쿠키 안에 든 아몬드가 오도독 씹히는 맛이 참 좋다.

스노우볼 쿠키

(20개용)

Ingredients

버터 66g(실온상태)   아몬드가루 40g

슈가파우더 20g   구운 아몬드슬라이스(다진 것) 12g

소금 한 꼬집   굴림용 슈가파우더

박력분 80g

How to make

1. 오븐을 170도로 예열하고, 베이킹 팬 위에 테프론시트를 깔아준다.

2. 볼에 버터를 넣고 주걱으로 저어준다. 슈가파우더와 소금을 넣고 주걱으로 섞어준 다음, 가루재료(박력분과 아몬드가루)를 체에 쳐서 넣어 섞는다. 다진 아몬드슬라이스를 넣어 한 덩어리로 뭉쳐지도록 섞는다.

3. 반죽을 10g정도씩 떼어 동그랗게 빚어 준비한 팬 위에 간격을 두고 올린 후, 예열된 오븐에 넣어 18분 굽는다.

4. 쿠키가 따뜻할 때 슈가파우더에 굴려준다. 완전히 식은 다음 슈가파우더에 한번 더 굴려준다.

당근은 싫어도 당근 케이크는 좋아!
당근 케이크

Carrot Cake

누가 처음으로 당근을 넣어 케이크를 만들 생각을 했을까?
그 사람이 누구인지는 몰라도 그러한 생각을 하고 시도한 사람에게
고마운 마음이 절로 들 정도로 나는 당근 케이크를 좋아한다.
부드럽고 촉촉한 케이크 시트와 상큼한 크림치즈 프로스팅이 매우
잘 어울리는 케이크다. 이 케이크를 한입 맛보면 평소 당근을 싫어하는 사람도
"당근 케이크는 좋아!"라고 외칠 것이다.

당근 케이크

(지름 15cm 케이크 1개용)

Ingredients

계란 100g(실온상태)

황설탕 90g

포도씨유 90g

중력분 100g

아몬드가루 20g

[크림치즈 프로스팅]

크림치즈160g(실온상태)

버터 100g(실온상태)

베이킹파우더 ½t

베이킹소다 ½t

계핏가루 ½t

다진당근 160g

다진호두 40g

슈가파우더 100g

레몬즙 1t

※호두는 160도 오븐에 10분 구운 후 다져서 준비한다.

How to make

1. 오븐을 180도로 예열하고, 지름 15cm 크기의 원형 케이크 팬 밑면과 옆면에 유산지를 깔아 준비한다.

2. 볼에 계란과 설탕을 넣고 핸드믹서의 중속으로 2분간 거품을 충분히 내어준다. 포도씨유를 조금씩 넣으며 휘핑한 후 가루재료(중력분, 아몬드가루, 베이킹파우더, 베이킹소다, 계핏가루)를 체에 내려서 주걱으로 섞는다. 다진 당근과 호두를 넣어 날가루가 보이지 않을 때까지 섞는다.

3. 반죽을 준비한 케이크 팬에 담고, 예열 된 오븐에 넣어 30~35분 구워준다 (이쑤시개를 찔러보아 깨끗이 빠져나오면 다 된 것). 식힘망 위에 올려 완전히 식힌다.

4. **크림치즈 프로스팅 만들기** | 크림치즈와 버터를 핸드믹서로 풀어준 다음 슈가파우더, 레몬즙을 넣어 부드러운 크림상태가 되도록 섞는다.

5. **완성** | 케이크를 가로로 3등분하고, 크림치즈 프로스팅을 스페츄라로 펴 발라준다.

오독오독 씹히는 고소한 맛이 일품인

아몬드 비스코티

Almond Biscotti

이탈리아어로 '두 번 굽는다'라는 뜻을 가진 비스코티는 오븐에서
완전히 건조될 때까지 구워서 오래 두고 먹을 수 있는 단단하고 바삭한 쿠키다.
덩어리째 굽고, 살짝 식혀서 썬 다음 한 번 더 구워 내어 오독오독
씹히는 맛이 참 좋다. 통 아몬드와 피스타치오가 콕콕 박힌 모양도 예쁘고,
고소한 아몬드 비스코티는 그냥 먹어도 맛있지만
따뜻한 커피에 찍어먹으면 맛이 배가 된다.

아몬드 비스코티
(20개용)

Ingredients

버터 40g(실온상태)

설탕 120g

소금 3g

계란 100g

중력분 155g

아몬드가루 80g

베이킹파우더 5g

통 아몬드 80g

피스타치오 50g

건살구 40g

How to make

1. 오븐을 180도로 예열하고, 베이킹 팬 위에 테프론시트를 깔아준다.

2. 볼에 버터를 넣고 손 거품기로 부드럽게 풀어 준 다음 설탕과 소금을 넣어 섞는다. 계란을 조금씩 넣으며 섞는다. 가루재료(중력분, 아몬드가루, 베이킹 파우더)를 체에 내려 섞는다. 통 아몬드, 피스타치오, 건살구를 넣어 골고 루 섞는다.

3. 반죽을 25×12cm 정도 되는 직사각형 모양으로 만들어 베이킹 팬 위에 올린 후 예열된 오븐에 넣어 25분 굽는다. 식힘망 위에 올려 30분 정도 식 혀 준 다음 1.5cm 두께로 썰어준다.

4. 베이킹 팬 위에 나란히 올려 160도로 예열 된 오븐에 넣고 10분 굽고, 뒤 집어서 10분 더 구워 준 다음, 식힘망 위에 올려 완전히 식힌다.

달콤한 오늘을 위한
인생 레시피

삶이 무료하다면
베이킹을 시작하라!

코로나19로 전 세계에 잠시 '멈춤' 버튼이 눌러졌다. 집에 있는 시간이 늘면서 자연스레 사람들은 부엌으로 향했고, 음식도 빵도 쿠키도 집에서 많이 만들어 먹게 되었다. 많은 친구들이 연락을 해왔는데 주로 베이킹에 관한 질문이 많았다. 어디 나갈 수도 없고 심심해서 베이킹을 시작하려고 하는데, 무엇을 사야 하는지, 어떤 것을 먼저 만들지, 어떤 레시피로 만들면 좋을지 등 질문을 많이 받았다. 처음 베이킹을 시작하는 사람들을 위한 도구와 재료에 대한 글을 블로그에 올리기도 했다.

그렇게 베이킹을 시작하게 된 친구들이 하나같이 하는 말.

"진작 베이킹을 시작할 걸 그랬어."

그럼 나의 대답은.

"그럴 줄 알았어. 정말 재미있지?"

베이킹은 제대로 된 레시피를 정확하게 계량해서 단계별로 따라 하기만 하면 원하는 맛과 모양의 빵과 쿠키를 만들 수 있다. 기본 재료는 보통 밀가루, 버터, 설탕, 계란으로 단순한데, 재료들이 서로 만나 화학 반응을 일으켜 폭신한 빵을 부풀게 하고, 쿠키를 바삭하게 하는 이 모든 과정을 직접 해보면 경이롭고 재미있다. 게다가 신선하고 좋은 재료로 직접 만드니, 베이커리에서 판매하는 것보다 훨씬 건강하고 맛있게 즐길 수 있다. 가족들도 맛있게 먹고, 이웃이나 친구에게 선물도 하고. 베이킹을 시작하기 이전보다 삶이 더 풍요롭고 행복해졌다.

베이킹을 어느 정도 좋아하게 되면 밤에 잠들기 전에 달콤한 상상을 하게 된다. '집에 익어가는 바나나가 있으니 내일은 바나나 브레드를 구워 볼까?' '내일 친구가 놀러 온다고 했으니 딸기 롤 케이크를 구울까?' 이런 상상을 하고 잠이 드니 좋은 꿈도 꾸게 된다. 그러니 베이킹보다 더 즐거운 취미활동이 또 있을까 싶다.

아직 베이킹을 시작하지 않으셨다면 지금 당장 시작해보시길!

그리고 베이킹이 처음이라면 절대 실패 없고, 만들기도 너무 쉬운 바나나 브레드로 시작해 보시길. 🐚

Being happy never goes out of style.
- Lilly Pulitzer -

즐거움은 영원히 유행에 뒤떨어지지 않는다.
- 릴리 퓰리처 | 미국의 패션 디자이너 -

부러워하면
정말 지는 거다

인터넷도 없고 SNS도 없어서 다른 곳에서는 어떻게 사는지 모른다면 사람들은 자신이 사는 지역에 한정된 일들에 대해서만 비교를 하며 살 것이다. 하지만 지금은 불행인지 축복인지 지구 반대편에 있는 사람의 삶까지 속속들이 들여다볼 수 있게 되었다. 이처럼 비교의 대상이 과하게 넓어지다 보니, 내가 지금 누리는 것에 감사하고 만족하기보다는 핸드폰 화면 속 누군가의 삶을 부러워하기 쉽다. 남들이 자랑삼아 올리는 사진을 보면서 '저게 바로 내가 원하는 삶이었는데 왜 나는 저렇게 못 살지?'라는 말도 안 되는 한탄을 하는 것이다.

지인의 승진, 이사, 호화 해외여행을 담은 사진과 글에 이런 마음이 들기 쉬운데, 그들이 노력해서 이룬 결과들이라고 인정해 버리면 그만인 일이다. 그리고 화려해 보이지만 그 이면에는 나름의 고충도 있을 것이라는 사실을 인정해야 하는데 그게 쉽지 않은 것이다.

나는 지인의 좋은 소식에는 "그런 일을 해내다니 장하다!"라고 진심을 담아 칭찬하고, 멋진 여행지에서 올린 사진에는 "부럽다!"라고 솔직히 인정하고, 그런 감정을 더 이상 확장시키지 않으려 애쓴다. "그런 멋진 곳에 가다니 부럽네!" 이렇게 말하고는 잊어버리는 거다.

남편이 사업을 하다 보니 회사를 오래 비우기가 쉽지 않다. 그래서 외국으로 길게 가족 휴가를 가는 친구들을 보면 솔직히 매우 부럽다. 누구는 어디로 여행을 떠났네 하는 소식을 들으면 나의 오늘 하루도 엄청 재미있게 보낸 축에 속하는데도 상대적인 박탈감이 느껴질 때가 있다.

하루하루 무난하게 지나가는 일상이 얼마나 감사한지 너무 쉽게 잊는다. 주말에 가까운 농장에 가서 아이스크림만 먹고 와도 충만한 하루를 보낼 수 있다. 꼭 꿈같은 동남아 리조트나 동화 같은 유럽에 가야 행복한 하루를 보내는 건 아니다. 나는 미국 메릴랜드주에 있는 한적한 동네의 연립주택에 사는데, 일주일 휴가를 내고 한국에서 놀러온 고교 동창은 동네 수영장이 집 앞에 있으니 리조트가 따로 없다며 우리 집이 천국 같다고 했다.

지금 당신이 있는 바로 그곳이 누군가는 꼭 하루쯤 살아보고 싶은 천국일 수도 있다. 그곳이 천국일지 아니면 지옥일지는 나의 삶을 바라보는 렌즈와 마음가짐에 달려 있다. 잔잔한 마음의 평화가 찾아오는 편안한 이 공간이 바로 천국이다. 부러워하면 정말 지는 거다.

짐을 잃고 나서
짐 없이 여행하는 법을
배웠다

                              코로나 사태 이후 처음으로 비행기를 타고 가족 여행을 떠났다. 목적지는 알래스카! 알래스카에 대해서 아는 것이라곤 미국이 러시아로부터 헐값에 사들여 횡재한 금싸라기 땅이라는 것, 겨울에 밖에 나가면 눈썹이 얼 정도로 춥고, 아름다운 자연, 개가 끄는 눈썰매를 타볼 수 있고, 오로라를 보고, 연어 낚시를 할 수 있는 곳이라는 정도밖에 없었다.

    그런 생소한 곳으로 여행을 가게 된 큰 이유는 남편 사촌의 결혼식에 참석하기 위해서였는데, 아버님이 가족 여행 겸 다녀오자고 해서 7명의 대식구가 함께 움직였다. 막내아들이 만 9개월이어서 짐이 어마어마했다. 기저귀, 이유식, 분유, 젖병, 젖병솔까지. 거기다 예쁘게 사진 찍을 생각에 매일 바꿔 입힐 세 아이의 옷을 꼼꼼히 챙겼다. 이보다 더 가방을 잘 쌀 수는 없을 거라고 자신하며 공항으로 출발했다.

워싱턴 DC에서 알래스카까지 직항은 없고 시카고에서 경유를 해야한다. 12시간이 넘는 비행시간 끝에 앵커리지 공항에 도착했다. 밤 11시인데 바깥은 백야현상으로 초저녁같이 밝았다. 한참을 기다려도 짐이 나오지 않아 공항직원에게 물었더니 우리 짐이 시카고에서 오지 않았다고 하는 게 아닌가!

생각보다 자주 있는 일이라고는 하는데 직접 당해보니 황당하고 화나고 슬프고, 이 사태를 어떻게 해야 할지 막막했다. 직원은 다음 날 밤 같은 시간 비행기 편에 올 거라고 했다. 화낸다고 멀리 있는 짐이 당장 날아오는 것도 아니니 편의점에 들러 당장 필요한 물품(기저귀, 칫솔, 치약)만 사서 하루를 버텨보자고 했다.

혹시 몰라 아이들 하루 입힐 잠옷, 티셔츠, 바지, 속옷을 한 벌씩 챙겨 캐리 온 백에 넣어온 게 그나마 천만다행이었다. 하지만 그다음 날 밤 온다고 한 가방은 오지 않았다. 다음날에는 올 테니 걱정하지 말라고 했다. 하지만 이튿날 밤 남편이 짐을 찾으러 공항에 갔다가 또 허탕 쳤다는 말을 듣고는 울음이 터져버렸다. 그렇게 고대했던 여행인데…얼마나 짐을 열심히 쌌는데…하루에 세 번은 갈아입어도 될 정도로 예쁜 옷만 다 골라 넣었는데.

알래스카는 상상했던 것보다 훨씬 더 멋진 곳이었고, 아무렇게나 막 찍어도 엽서 같은 사진이 나온다. 한여름 땡볕에도 사방이 눈 덮인 산으로 둘러싸고 있고, 배를 타고 나가면 둥둥 떠다니는 빙하 위에서 놀고 있는 해달과 물개를 마주할 수 있다. 산책하다가 무스와 곰을 만날 수도 있으니 조심해야 한다. 여름은 백야 시즌이라 밤 열두 시가 되어도 바깥이 환하다. 그렇다 보니 시간 개념 없이 놀게 되기도 한다. 새벽 1시가 넘어도 약간 어둑어둑하다가 새벽 3시가 되면 다시 해가 번쩍 떠오르는 너무 신기한 곳이다.

나흘째 되는 날 밤에 기다리던 짐을 받았는데, 여행이 딱 나흘 남은 시점이라 그 짐의 반 이상은 전부 쓸모없이 되어버렸다. 결과적으로 '어? 이 짐 없이도 여행이 가능했네?' 싶었고, 너무 많은 짐을 이고 지고 다니려 했구나 하는 생각도 들었다. 앞으로 여행을 가면 여행 가방은 그 전과는 매우 다르게 가볍게 꾸려갈 것 같다.

짐을 잃고 나서 짐 없이 여행하는 법을 배웠다.

집 정리의 기본은 물건의 자리를 지정해주는 것

'정리의 여왕'으로 유명한 일본인 곤도 마리에近藤麻理恵 씨의 『설레지 않으면 버려라』라는 책에 '설레는 공간이 설레는 일상을 만든다.'는 말이 나온다. 설레는 공간이란 내가 좋아하는 것에만 둘러싸인 이상적인 공간을 말하는데, 누구나 이런 공간에 살고 싶어 할 것이다. 퇴근 후 정돈된 집에 들어오면 편안한 기분이 들며 바로 휴식을 취할 수 있지만, 그렇지 않은 경우에는 뭐라도 해야 할 것 같고 피로감이 몰려온다.

어린아이가 셋이다 보니 장난감을 치우고 돌아서면 또 어지럽혀져 있고, 아무리 치워도 끝이 없는 것 같은 기분이 들 때가 많다. 아이는 장난감을 가지고 마음껏 놀면서 배운다고 나는 생각한다. 그렇지만 잠자기 전에는 가지고 놀던 장난감을 제자리에 갖다 놓으라고 가르친다. 그렇게 되려면 정리를 빠르고 쉽게 할 수 있게 시스템을 구축해 놓는 게 중요한데, 그게 바로 '물건의 제자리를 지정해주는 것'이다. 나는 곤도 마리에의 책에서 이런 내용을 읽고 무릎을 '탁' 쳤다. 물건의 제자리를 지정해두지 않고 아무 데나 놓아두면 필요할 때 바로 찾아 쓰지 못하고, 있는 물건을 또 사게되는 악순환이 반복된다.

우리 집에는 주방용품, 베이킹 도구, 케이크 데코레이션 도구, 포장 재료 등이 넘치도록 많은데 이 물건들을 지정된 박스에 넣고 표기한 다음 보관하기 때문에 필요할 때 쉽게 찾아 쓸 수 있다. 비슷한 식재료끼리 투명한 플라스틱 박스에 모아 보관하고, 무엇이 들어 있는지 써놓고 재고와 유통기한을 주기적으로 체크한다.

장난감도 마찬가지다. 로봇, 인형, 퍼즐, 레고, 피규어, 종이접기 재료 등을 투명 플라스틱 박스에 종류별로 담아두고 아이들이 가지고 논 다음에는 제자리에 가져다 두도록 한다. 아이가 가지고 논 장난감을 지정된 박스에 던져 놓기만 해도 정리에 큰 도움이 된다. 식재료처럼 장난감도 주기적으로 꺼내 필요 없는 것은 버리거나 다른 가정에 주든지 정리한다.(주기적인 장난감 정리는 아이가 자거나 집에 없을 때 하는 게 좋다. 아이들은 더 이상 가지고 놀지 않는 장난감도 없앤다고 하면 싫어한다)

일단 정리한 다음 아이에게 어떤 방식으로 분류해 놓았는지 차근차근 설명해주면 아이들도 고개를 끄덕이게 된다. 뭔가 일이 마음먹은 대로 풀리지 않고, 우울한 기분이 드는가? 그건 바로 나와 우리 가족이 사는 공간을 한번 재정리해보라는 신호이기도 하다.

해보지 않으면
모르는 일들

어릴 적부터 큰 개에 대한 로망이 있었다. 초등학교 때 영화 〈래시〉를 본 이후로 '콜리'처럼 똑똑한 개를 키우고 싶었다. 하지만 아파트에서만 생활했기 때문에 큰 개를 키운다는 것은 상상도 못했다. 결혼하고 아파트건 정원이 딸린 주택이건 상관없이 큰 개를 많이 키우는 미국에 살게 되니 또다시 큰 개에 대한 어릴 적 로망이 되살아났다. 같이 산책하고, 원반던지기 놀이도 하고, 옆에만 있어도 든든한 친구가 되어줄 것 같았다.

우리가 사는 아파트 아래층에 '벨라'라는 이름을 가진 레바도어 리트리버종의 큰 개를 키우는 젊은 커플이 살고 있었다. 내가 개를 좋아한다는 것을 알게 되어 함께 산책도 하며 친분을 쌓게 되었다. 그 커플이 결혼식을 올리러 하와이에 일주일 가게 되자 나는 이때다 싶어서 "벨라를 내가 맡아줄게!"라고 흔쾌히 얘기했다.

217

그렇게 벨라와 일주일간의 동거가 시작되었다. 남편이 출근하면 이 큰 개와 단둘이 집에 남았다. 같이 있은 지 몇 시간도 안 되어 '아, 나는 이렇게 큰 개의 주인을 하기에는 자격미달이구나!' 하는 생각이 들 정도로 지쳐 버렸다. 덩치만 컸지 아직 한 살도 안 된 강아지라 에너지가 펄펄 넘쳤고, 바깥에 산책하러 데리고 나갔다가는 개가 나를 끌고 가는지, 내가 개를 끌고 가는지 분간하기 힘들 정도였다.

게다가 변은 얼마나 많이 싸는지! 작은 강아지만 키워본 나에게 그 뜨끈 물컹하고 커다란 변을 비닐봉지에 담아 치우는 일은 너무 벅찼다. 저녁에 남편이 집으로 오면 지칠 대로 지친 나는 일찍 잠자리에 들려고 했다. 그런데 세상에! 우리와 같이 자겠다고 침대에 기어오르더니, 새벽같이 일어나 밖에 나가자고 내 볼을 핥아대는 것이었다.

그렇게 일주일을 보낸 후 남편에게 말했다. "나는 아직 큰 개를 키울 마음의 준비가 되어 있지 않아."라고. 그 후로 동네에서 개를 보면 애정을 듬뿍 표현하기는 하지만 직접 키우고 싶다는 로망은 사라졌다. 만일 벨라를 일주일 동안 맡아 키워보지 않았으면, 지나가는 개한테 혹해서 입양이라도 했을지 모를 일이다. 살다 보면 직접 해보지 않으면 모르는 일들이 꽤 있다. 일단 해보면, 안 해본 데 대한 아쉬움도 줄어든다.

그러니 원하는 게 있다면 가장 손쉬운 방법으로 먼저 해보는 게 어떨까?

베이글의 윗부분을 양보한다는 것

쫀득쫀득한 식감의 베이글을 살짝 토스트 해서 크림치즈를 듬뿍 발라 먹는 걸 나는 좋아한다. 베이글은 토스트 하기 전 반으로 자르면 윗부분과 밑부분으로 나누어지는데, 나는 좀 더 두께감이 있고 씨앗이나 건포도 같은 토핑이 붙어 있는 윗부분을 좋아해서 그 부분을 먼저 먹는다. 남편과 둘이 베이글을 먹으면 늘 남편은 밑부분만 먹고 윗부분은 나에게 주어서 윗부분만 두 개를 먹을 때가 많았다.

아이가 생기고 나니 아무리 내가 좋아하는 것도 자연스레 아이에게 양보하게 되었다. 그래서 베이글을 토스트 하면 아이에게 윗부분을 먼저 주는데, 어느 날 아들이 이렇게 물었다.

"엄마, 베이글의 윗부분이 좋아요, 밑부분이 좋아요?"

"둘 다 좋은데, 윗부분이 더 맛있기는 하지."

"다음에 베이글을 먹을 땐 엄마한테 윗부분을 먼저 줄게요."

내가 윗부분을 더 좋아하면서 그걸 자기한테 양보해 준다는 걸 이 조그마한 아이도 눈치 채고 있었던 거다. 가슴이 뭉클했다. 나의 엄마도 베이글을 무척이나 좋아하셔서 미국에 오셨다가 한국으로 돌아가실 때면 슈퍼마켓에서 베이글을 몇 봉지씩 사서 가져가신다. 그런데 나는 엄마가 베이글의 윗부분을 좋아하는지 밑부분을 좋아하는지 물어본 적도 없고 궁금해 본 적도 없었다.

아이한테서 배울 점이 점점 많아진다.

그리고 이런 몽글몽글한 기분이 참 좋다. 원래 베이글만 봐도 먹고 싶다는 생각에 기분이 좋았는데, 이제는 베이글을 보면 나도 모르게 괜한 미소가 지어진다. 엄마가 좋아하는 것을 엄마라는 이유로 계속 양보하지 말고, 엄마도 윗부분을 맛있게 먼저 먹으라는 아이의 목소리가 들리는 듯하다.

이제 나는 베이글의 윗부분을 양보하는 일을 '배려'라고 쓰고 '사랑'이라고 읽는다.

반복되는 부부싸움을
끝내는 법

　　　　　　　　서로 전혀 다른 두 사람이 함께 잘
살아 보겠다고 결혼했지만, 살다 보면 갈등과 다툼이 생기기 마련이다.
신기하게도 부딪히고 화해하기를 반복하다 보면 그 패턴이 너무나 비슷
해서 놀랄 때가 있는데, 이는 제대로 화해하지 않았다는 뜻이다. 그냥
불편한 상황을 모면하기 위해 어영부영 뜨뜻미지근하게 잠시 싸움을 멈
춘 것뿐이다. '부부싸움은 칼로 물 베기'라는 말이 있다. 부부는 싸워도
화해하기 쉽고, 싸워봤자 별로 달라질 것도 없다는 것처럼 들려 개인적
으로 좋아하지 않는 말이기도 하다. 싸울 일이라면 제대로 싸우고, 화해
하고, 매듭짓고, 다시 뜨겁게 사랑해야 하지 않을까.

　배우자와 계속 같은 문제로 부딪힌다면 상대에게 진심을 담은 편지
쓰기를 추천한다. 말로 하다 보면 원래의 의도는 그게 아니었는데 상대

의 듣는 태도나 반박하는 내용에 따라서 갑자기 감정이 북받쳐 올라 또다시 부딪힐 때가 있다. 사과할 때도 "그건 미안한데, 내 사정도 이해해줘." 혹은 "이게 그렇게까지 화낼 일은 아니잖아?"라는 식으로는 곤란하다. 자신의 입장을 변명하다 제대로 된 사과가 되지 않는 경우가 많다. 대신 조용히 앉아서 편지를 쓰면 생각을 잘 가다듬어서 전달할 수 있다. 상대 또한 편지를 읽고 편지로 답하도록 한다. 그렇게 서로의 감정과 생각을 충분히 이해한 후에 마주앉아 대화를 나누면 서로를 비난하는 과거의 말 대신 미래의 말을 나눌 수 있게 된다.

데일 카네기의 『인간관계론』에 소개된 '사람을 변화시키는 방법' 편을 읽고 편지 쓰기를 시도해봤는데 모든 커플에게 추천해주고 싶은 방법이다. 편지를 쓸 때 명심할 점은 상대에 대한 칭찬과 감사의 말로 시작하라는 것이다. 상대방이 나를 화나게 한 이유를 쓰는 게 아니라 내가 저지른 잘못과 이에 대한 나의 감정을 정확히 전달하고, 어떻게 하면 이 갈등을 해결할 수 있을지에 대한 방안을 제시한다. 그리고 편지의 서두와 말미에 상대에 대한 감사 인사를 잊지 않도록 한다. 감사 인사가 담긴 진정한 화해를 위한 사과 편지를 무시할 사람은 없다.

그 크기가 어떠하든 상대가 나로 인해 조금이라도 상처를 입었다면 이에 대해서는 확실하게 사과하고 넘어가야 한다. 그리고 사과는 말이나 글로 명확하게 표현해야 그 뜻이 온전히 전달된다.

✳ "우리
파티 할까?"

미국인들은 단어 뒤에 파티라는 단어만 붙이면 파티가 된다고 할 정도로 다양한 파티를 일상적으로 많이 연다. 우리의 불타는 금요일, 불타는 토요일과 비슷하게 금요일, 토요일 저녁에 여는 사교파티는 물론이고 친구들과 흔히 갖는 저녁 모임도 디너파티Dinner Party라는 이름을 붙여서 즐긴다.

  칵테일과 간단한 안주를 곁들인 칵테일파티, 야외에서 고기를 구워 먹는 바베큐파티, 집 뒤뜰이나 정원에서 파티를 열면 가든파티, 초대받은 손님들이 음식을 한 가지씩 해 와서 나눠 먹는 포틀럭파티Potluck Party, 결혼을 앞둔 신부를 위해 여자친구들이 열어주는 브라이덜 샤워Bridal Shower, 신랑을 위해 남자친구들이 열어주는 총각파티Bachelor Party, 임신한 친구를 위해 열어주는 베이비 샤워Baby Shower가 있다.

우리에게 익숙한 생일파티는 물론이고, 결혼기념일 파티, 크리스마스 파티, 10월 30일 핼러윈데이를 기념하는 핼러윈파티, 추수감사절 파티, 누군가와 이별할 때 여는 환송파티, 모교 방문 행사가 열릴 때는 홈커밍파티, 잠옷 바람으로 친구 집에 모여서 밤새 수다를 떨고 노는 파자마파티Pajama Party, 고교 졸업을 앞둔 학생들이 졸업을 자축하는 프롬파티Prom Party, 간단히 와인에 치즈만 곁들여서 이야기를 나누는 와인 앤 치즈 파티 등등 그 수를 헤아릴 수 없을 정도로 많다.

참석할 때 입는 옷은 주최자가 드레스 코드를 정해서 알려주는 경우도 있지만, 보통은 격식 없이 입고 만난다. 친구들과 같이 기획한 파티가 아닌 이상 주최자만 알고 나머지 초대받은 사람들은 처음으로 만나는 자리인 경우가 많은데, 이때도 자연스럽게 서서 인사를 나누고 친교를 쌓는다.(보통은 주최자랑 어떤 사이인지를 밝힌다) 아는 사람이 없다고 혼자 멀뚱하게 있거나, 주최자 옆에만 붙어 있으면 파티를 즐기지 못한다. 처음에는 어색하더라도 아는 사람이 없는 곳이라도 가보면서 파티를 조금씩 즐기는 것은 어떨까?

같은 동네에 사는 이웃들과도 "언제 밥 한번 먹자"라고 말하고 헤어지면 그 언제가 올해가 될지 내년이 될지 기약이 없다. 그 대신 "우리 같이 ○○ 파티 할까?"라고 말하면 한두 가지 음식을 각자 들고 가서 나눠 먹어도 멋진 디너파티가 된다. 좋은 사람들과 모여 맛있는 음식을 나누어 먹는 것. 이보다 더 삶을 풍성하게 해주는 일이 또 있을까? 🍥

운을 부르는
언어 습관

  평생 사업을 해 오신 시아버지는 내가 만난 그 누구보다도 미래에 대해 낙관적이시다. 누가 봐도 안 좋은 시기에도 아버님은 늘 곧 있으면 모든 게 잘 풀릴 것이라고 확신을 가지고 말씀하신다. 코로나19로 한국과 왕래가 어려웠던 지난 몇 년은 한국의 투자자들과 일을 진행하는 우리 가족에게 사업적으로 정말 힘든 시기였다. 한번은 어머님이 "우리도 얼른 하는 일이 잘 되었으면 좋겠다."고 걱정 투로 말씀하셨는데 아버님이 하신 말씀이 인상적이다. "아니, 잘 되었으면 좋겠다가 무슨 말이야. 무조건 잘 되는 거지!"

  아하! 이런 마음가짐을 가지고 계셨기 때문에 40년이 넘는 세월 동안 사업체를 이끌어 오신 거구나! 하는 생각이 들었다. 그걸 보고 나도 무조건 잘 될 거라는 자기 확신에 찬 생각과 말을 많이 하게 되었는데, 그

225

효과가 실제로 크다.

일단 미래에 대한 불안과 걱정이 줄었고, 그만큼 지금 할 수 있는 일에 시간과 에너지를 더 투입하면서 좋은 결과들이 나왔다. '이게 과연 될까? 안될까?'를 걱정하는 게 아니라 '무조건 잘 되기는 될 건데 어떻게 하면 더 잘 되게 할 수 있을까?'를 고민하는 쪽으로 생각의 방향이 바뀐 것이다.

가까이에 좋은 스승이 있다는 걸 모르고 엉뚱한 데 가서 인생의 답을 찾으려고 애쓰는 경우가 많다. 지금 안고 있는 상당수의 고민과 과제와 관련해 우리를 가장 사랑하는 부모님이나 시부모님과 진지하게 이야기를 나누고 조언을 구한 적이 있는가? 부모님 말씀을 안 들은 지는 꽤 오래된 것 같고, 시부모님 말씀이야 '시'자가 들어가니까 괜히 싫다는 사람들도 있다. 그런데 우리의 부모님, 시부모님은 우리보다 몇 십 년 넘게 인생을 먼저 살아내신 인생의 선배이자, 그 누구보다도 우리를 잘 알고 우리가 잘 되기를 바라는 마음을 절실하게 가지신 분들이다.

그런데도 우리는 그분들이 직접 경험하며 쌓은 지혜의 저장고에서 아무 것도 전수 받으려고 하지 않는 경우가 많다. 나는 어렸을 적부터 이상하게 성공한 사람들의 이야기에 끌렸다. 그래서 그 사람들이 쓴 자서전이나 성공 경험담을 담은 책 읽는 것을 좋아했고, 왠지 그런 이야기를 들으면 나도 그렇게 될 수 있을 것 같아 힘이 났다.

그런데 어느 순간부터 '아니 이 사람이 하는 말과 행동은 우리 아빠

(또는 시아버지)와 너무 똑같은데?'라는 생각이 정말 많이 들었다. 주로 성공한 사람들의 습관과 삶의 태도에 관한 책들인데, 책에 쓰인 지혜를 행동으로 직접 보여주시는 아버지들이 옆에 계시다는 사실을 깨닫게 된 것이다. '이분들께 나의 고민과 인생의 지혜에 관해 조언을 구한 적이 있는가?' 라고 되묻게 되었다.

가까이에서 찾을 수 있는 답을 다른 사람의 이야기를 통해 찾으려는 것은 어리석은 행동이다. 나이가 들어도, 아니 나이가 들었기에 더더욱 부모님께 배울 점이 너무나 많다.

The mediocre teacher tells. The good teacher explains.
The superior teacher demonstrates. The great teacher inspires.
– William Arthur Ward –

평범한 스승은 말한다. 좋은 스승은 설명한다.
우수한 스승은 보여준다. 위대한 스승은 영감을 준다.
– 윌리엄 아서 워드 | 미국의 언론인 –

나이보다 젊어 보이는
사람들의 공통점

감탄사를 잘 내뱉는 사람은 사소한 사물을 보더라도 크게 반응하기 때문에 긍정의 에너지가 저절로 발산된다고 한다. 그 에너지는 함께 있는 사람에게도 전파되어 함께 시간을 보내고 싶은 사람으로 기억되게 만드는 긍정적인 효과를 발휘한다.

어떤 사람을 떠올리면 만나서 얘기하고 싶고, 괜스레 미소 지어지는 사람이 주위에 있는가? 그 사람들의 공통점이 무엇이었는지를 생각해보자. 아마 상대의 이야기를 잘 들어주고, 적절하게, 아니 어쩌면 좀 과하다 싶을 정도로 반응을 잘 해준다는 공통점을 갖고 있을지 모른다.

그러면 나는 어떤 모습으로 사람들이 떠올렸으면 좋겠는가? 누가 어떤 말을 해도 시큰둥하게 듣고, 반응도 거의 보이지 않는 사람, '냉정하고 시크한 사람'이고 싶은가? 아니면 좋은 걸 보면 함께 나누고 싶고, 안

보이면 보고 싶어지는 사람, 따뜻한 온기가 전해지는 사람이고 싶은가?

갑자기 평소와 다른 모습으로 변신하라는 말이 아니다. 조금씩 내가 원하는 나의 모습을 닮아 가보자는 거다. 우선 주변에 아무도 없을 때 혼자 감탄을 자주 내뱉는 연습을 해보자. 그 감탄의 대상은 자연으로 하는 게 좋다. 자연은 365일 멋지고 다양한 모습을 연출해주니까! 평소와 달리 구름 한 점 없이 깨끗한 하늘을 보면 감탄하자.

미국인들이 많이 사용하는 감탄사에 "I love it!"(내 마음에 쏙 든다!)이 있다. 자기가 좋아하는 스타일의 옷, 가방, 신발을 신은 사람이 지나가면 "I love your dress!"라고 칭찬의 말을 꼭 하고 넘어간다. 그리고 어디에서 샀는지 서슴지 않고 물어본다. 한국에서 사온 특이한 원피스가 많은데, 입고 나가면 어떤 날은 하루에 다섯 번도 넘게 "그 옷 멋지네요!" "어디서 샀어요?" "한국이요? 옷 사러 가기에는 너무 머네요."라는 식으로 칭찬의 말을 듣는데 정말 기분이 좋다.

나도 이제 낯선 사람의 차림새에 대해 칭찬하는 일에 선수가 다됐다. 옷이나 신발이 그 사람한테 매우 잘 어울린다고 생각하면 꼭 칭찬의 말을 건넨다. 그러면 백이면 백, 환하게 웃음 지으며 고맙다고 인사한다. 오늘 누군가가 보여준 멋진 태도나 옷, 신발, 머리 스타일, 스카프 색 등에 대해 칭찬의 말을 한번 건네 보자. 칭찬을 들은 사람이 짓는 환한 미소는 나에게도 전염되어 덩달아 기분이 업! 된다. 상대는 칭찬을 들어서 좋고 나는 감사의 말을 들어서 더 좋고. 서로서로 좋은 일.

마음을 밝혀주는 ✳
       손 편지

미국의 슈퍼마켓, 편의점, 마트에
가면 카드 섹션이 크게 한자리 잡고 있다. 카드 종류 또한 없는 게 없을
정도로 다양하다. 크게는 축하카드(결혼, 임신, 출산, 졸업, 성취, 마더스데이,
파더스데이 등), 각종 기념일, 애도, 격려, 감사, 이사, 건강 회복을 위한
기원, 은퇴, 퇴사, 우정, 작별 인사 등 세세하게 나누어져 있다.

생일카드는 크게 여자, 남자로 나뉘고 여자카드는 다시 여자친구, 엄
마, 할머니, 아내, 딸, 손녀가 할머니께, 손자가 할머니께 드리는 카드
로 나뉜다. 남자카드도 남자친구, 아빠, 할아버지, 남편, 아들, 손자가
할아버지께 드리는 카드 등으로 나뉜다. 첫돌, 16살, 18살, 60세, 70세,
80세, 90세, 100세 등 특별한 생일을 기념하는 카드가 따로 있고, 애도
카드도 놀라울 정도로 다양하고 구체적이다.

나는 'Sending hug, thinking of you'(당신을 생각하며, 포옹을 담아)라는

카드 섹션을 좋아하는데, 특별한 날이 아니더라도 누군가가 생각날 때 보내기 좋은 카드다. 평범한 날에 깜짝 카드를 받는 사람은 기분이 엄청 좋을 것이다. 좋은 글귀가 적혀 있기 때문에 카드를 보내는 사람은 자기 이름과 따뜻한 한두 문장을 덧붙여서 전달하면 된다. 미국에서는 선물할 때 손수 쓴 카드를 꼭 동봉하는데, 손 편지를 좋아하는 나는 이 문화가 매우 정겹게 느껴져서 받은 카드는 모두 모아놓는다.

지금 사는 집으로 이사했을 때는 첫째 아이의 출산을 앞두고 있던 만삭 상태였다. 집 정리도 힘에 부쳤고, 추운 겨울이라 동네를 둘러볼 생각도 못하고 있었다. 그런데 이사 온 다음날, 옆집에 사는 이웃이 초인종을 누르며 '우리 동네에 온 것을 환영합니다.'라는 인사말이 담긴 카드와 함께 직접 구운 초콜릿쿠키를 전해주고 가는 것이었다. 그 순간 짜릿할 정도로 깊은 감동을 받았다. 모든 게 낯설 이웃에게 이렇게 따뜻하게 환영인사를 해주다니! 금방 이 동네가 좋아지기 시작했다. 자연스레 우리 가족과 그녀의 가족은 친구가 되어 많은 시간을 함께 하고, 저녁식사도 자주 함께 먹는 진짜 이웃사촌 같은 관계가 되었다. 이 모든 게 우리가 이사 왔을 때 그녀가 준 카드 한 장에서 시작됐다.

선물을 받으면 꼭 감사노트Thank-you note를 써서 답하는 것도 배워두면 좋을 미국 문화이다. 감사노트는 보통 선물이나 축하를 해줘서 고맙다는 인사를 구체적으로 적어서 보내는데, 별 것 아닌 것 같아 보여도 이러한 마음 씀씀이가 사람을 기분 좋게 만든다. 🧁

잃게 될 것 같으니
너무나 소중한
나의 '돌 석'

'석'씨라는 흔하지 않은 나의 성을 좋아하게 된 것은 어른이 된 후였다. '석'이라고 하면 한자를 잘 모르는 어린아이들도 '돌 석'을 자연스레 떠올린다. 그래서 어렸을 때부터 내 별명은 대부분 돌과 관련되어 있다. 학교 전체에서 석씨는 나 혼자인 경우도 있었기 때문에 선생님들은 나를 부를 때 "어이~돌!"이라고 하셨다. 그래서 왜 김, 이, 박 같은 흔한 성이 아닌 '석', 그것도 진짜 '돌 석' 자를 쓰는 '석씨'로 태어났는지 나는 불만이었다.

하지만 어느 순간부터 '그래, 누가 뭐래도 나는 돌이다! 돌 중에 가장 아름답고 단단하고 귀한 다이아몬드다!'라는 생각을 갖게 되었다. 누가 나를 '돌'이라고 부르던 '돌 민진'이라고 부르든 개의치 않게 된 것이다.

결혼하고 미국에 오기 전까지는 그랬다. 미국에서는 여자가 결혼하면 남편 성을 따른다. 결혼 후에도 처녀 적 이름을 고수하던 힐러리 로댐은 남편 빌 클린턴이 아칸소 주지사 재선에 실패하자 전통을 따르지 않는 주지사 부인을 못마땅하게 생각하는 보수적인 아칸소 주민들의 시선 때문에 '힐러리 로댐 클린턴'으로 성을 바꾸었다.(처녀 때 성 뒤에 남편 성씨를 덧붙인 것) 나는 미국인과 결혼했다는 이유로 나의 성을 바꾸고 싶지 않았다. 결혼하면 당연히 남편 성을 따르는 분위기가 강한 이곳에서 나는 여전히 미국인들은 발음하기도 힘든 그 '석'씨를 고수하고 있다.

결혼 후 성을 바꿔야 하는 문제에 대해 고민하는 것을 보고 사람들은 나중에 아이가 학교에 갔을 때 엄마와 아빠의 성이 다르다는 것을 알면 혼란스러워 할 수 있고, 주위에서 안 좋게 본다는 등의 이야기를 해줬다. 미국에서 엄마와 아빠의 성이 다르다는 것은 아직 하나의 가족으로 합쳐지지 않았다는 의미를 내포하고 있다는 것이다. 나는 나 스스로 합당하고 자연스럽게 느껴지지 않는 것을 몸에 걸치기를 싫어한다. 남편의 성씨를 따르는 것도 그랬다. 사랑하고 서로 존중하는 분위기의 가정에서 자란 아이라면 부모의 성씨가 어떠하든 그게 무슨 상관이랴 싶다.

단순히 '전통적으로 이러하기 때문에'라던가 '다들 이렇게 하니까'라는 이유로 성을 바꾸고 싶지는 않다. 결혼했다는 이유 하나 때문에 그 성을 버리고 싶지는 않다.

그것도 나의 일부이므로.

나는 세상에서 가장 단단하고 아름다운 돌이므로.

"미국에 오면
무조건 들러라!"는
마법의 주문

몇 년에 한 번씩 한국에 나가 친구들을 만나면 "미국에 오면 우리 집에 무조건 들렀다 가라!"라고 외쳤다. 거기에 덧붙여 "공항 영접부터 숙식 다 제공해줄게"라고 뻥뻥거렸다. 덕분에 지난 10년간 정말 많은 친구들이 우리 집에 왔다 갔는데, 그 친구들 덕분에 삶이 더욱 흥미진진하고 풍요로워졌음은 물론이다.

결혼 초에 방 한 칸짜리 아파트에서 살았는데, 대학 때 같은 영어 연극 동아리를 하던 선배가 연락이 와서 보스턴에서 워싱턴 DC로 놀러 갈 예정인데, 들러도 되겠냐는 연락이 왔다. 공기를 주입하는 침대인 에어베드를 거실에 설치해 하룻밤을 같이 보내고, 다음날 조지타운대를 함께 견학했다. 중학교 때부터 친하게 지내는 오랜 친구는 일주일 여름휴가를 아예 우리 집에 와서 보냈다. 나도 덩달아 휴가를 즐기는 기분으로 지냈다. 커다란 분홍색 플라밍고 튜브를 동네 수영장에 들고 가서 시간을 보내고, 박물관, 국회의사당, 식물원 등 워싱턴 DC의 대표 관광 코스를 함께 돌며 즐겁게 지냈다.

한 친구는 플로리다로 출장을 왔다가 우리 집에 들러 자기 어머니가 한국에서 손수 만들어주신 밑반찬을 주고 갔다.(친구 어머니의 마늘장아찌와 오징어채무침은 생각만 해도 입에 침이 고인다) 주재원인 남편을 따라 샌디에이고에서 살다가 귀국하기 전 아이 둘을 데리고 놀러 온 친구도 있다. 아이들을 데리고 내셔널 히스토리 뮤지엄, 동물원, 카운티 축제 등에 다니며 귀한 추억을 만들었다. 구글에서 일하는 한 친구는 뉴욕에서 일하다가 상하이로 돌아가기 전 우리 집에 들렀는데 집 밥을 해 먹으며 예쁜 동네 카페에 가서 수다를 실컷 떨었다. 한국에서 직장 다닐 때 멘토 역할을 해주신 직장 상사 내외분도 우리 집에 묵으시며 관광도 하고 골프도 치러 다니셨다. 메릴랜드에 자리 잡으러 온 한 친구는 우리 집에서 2주간 지내면서 살 곳을 알아보고, 내가 이곳 생활에 관한 정보도 나눠주었는데 지금은 가족이 다 모여서 잘 살고 있다. 내가 "어머, 그 원피스 예쁘다!"라고 입은 옷을 칭찬해주자 "너한테도 잘 어울릴 것 같다."며 주고 간 친구도 있다.

친구가 하룻밤 자고 가겠다고 연락이 오면 손님방의 이불을 다 빨아서 정돈해두고, 세면도구, 슬리퍼도 호텔처럼 준비해서 침대 옆에 둔다. 마실 물도 피지나 에비앙처럼 예쁜 병에 담긴 비싼 물로 사다 놓는다.

꽃병에 꽃도 꽂아 놓고, 컵라면, 간단한 스낵, 초콜릿 등을 호텔의 스낵 바처럼 준비해 놓기도 한다. 이렇게 하면 누구보다도 준비하는 내가 제일 설레고 행복하다.

친구들을 위해 관광회사 직원처럼 미국의 역사와 문화, 박물관마다의 특장점 등을 나불나불 외우기도 하고(그 덕분에 나도 많이 배우고), 평소에 잘 다니지 않는 길을 일부러 찾아가기도 한다. 이들은 어쩌면 타성에 젖어 지낼 나에게 비타민 주사 같은 존재이다.

코로나 바이러스가 한풀 꺾이고 나면 또 어떤 친구가 찾아오겠다고 깜짝 연락을 해올지 벌써 기대가 된다.

"미국에 오면 무조건 들러라!"라는 내 마법의 주문은 오랜 친구들에게는 여전히 유효하다. 🧄

The ornament of a house is the friends who frequent it.
– Ralph Waldo Emerson –

집을 가장 아름답게 꾸며주는 것은 자주 찾아오는 친구들이다.
– 랄프 왈도 에머슨 | 미국의 시인 –

MJ'S JOYFUL KITCHEN

버터의 풍미를 진하게 느낄 수 있는
갈레트 브루통

Galette Bretonne

갈레트 브루통은 프랑스 브루타뉴 지방의 전통과자로 겉은 바삭하고
속은 부드러우며 버터의 진한 풍미와 짭조름한 소금이 잘 어우러진 고급스러운
맛의 쿠키다. 제과점에서는 보통 금박 틀에 넣어 굽지만,
집에서 머핀틀 안에 넣어 쉽게 구워낼 수 있다. 들어가는 재료는 간단하지만
재료 하나하나의 맛을 전부 즐길 수 있는 매력적인 쿠키다.

갈레트 브루통
(12개용)

Ingredients

버터 100g(실온상태)　　　　　럼 10g

슈가파우더 60g　　　　　　　박력분 100g

소금 2g　　　　　　　　　　계란노른자 20g

How to make
---

1. 버터를 주걱으로 부드럽게 풀어준 후 슈가파우더와 소금을 넣어 크림 상태로 만든다. 계란노른자, 럼을 조금씩 나누어 넣으며 섞는다. 박력분을 체쳐서 넣고 매끄럽게 섞는다. 반죽을 동글납작하게 만들어 랩 씌워 냉장고에 30분 이상 넣어둔다.

2. 오븐을 190도로 예열하고, 12구짜리 머핀틀 안쪽에 버터를 얇게 발라준다.

3. 냉장해 두었던 반죽을 꺼내어 비닐 사이에 반죽을 넣고 1cm 두께로 밀어준 다음 지름 5cm 크기 원형 쿠키 커터로 찍어낸다. 머핀틀에 담고 윗면에 계란노른자를 붓으로 두 번 펴 바른다. 포크로 열십자 모양을 낸 후 예열된 오븐에 넣고 20분 정도 노릇하게 굽는다.

유래를 알고 먹으면 더 맛있는

무화과 휘낭시에

Fig Financier

프랑스 파리의 한 빵집에서 금전운을 뜻하는 '금괴' 모양의 작은 빵을
고안해서 만든 것이 휘낭시에의 유래가 되었다고 한다. 마들렌과 만드는 법이
매우 비슷하지만 황금 갈색으로 태운 버터(누아젯 버터)와 계란 흰자만을 넣어
고소하고 촉촉한 맛이 특징이다. 기본 휘낭시에 반죽에 녹차, 코코아, 쑥,
흑임자 가루를 넣거나 아몬드, 헤이즐넛, 무화과 같은 토핑을 얹어
다양한 맛을 낼 수 있어 나는 휘낭시에를 '변신의 천재'라 부른다.

무화과 휘낭시에

(10개용)

Ingredients

계란흰자 110g   박력분 44g

설탕 28g   아몬드가루 44g

슈가파우더 42g   베이킹파우더 2g

꿀 8g   누아젯버터 94g(태우기 전 버터양은 125g정도)

물엿 8g   건무화과 4~5개(작게 잘라 준비)

How to make

1. **누아젯버터 만들기** | 냄비에 버터를 넣고 중불에서 끓여준다. 거품이 올라
   오고 갈색으로 변하면서 헤이즐넛 향이 나면 불을 끄고 냄비째 식혀서 체
   에 거른다.

2. 오븐을 190도로 예열하고 휘낭시에 틀 안쪽에 버터를 얇게 칠해준다.

3. 볼에 계란흰자, 설탕, 슈가파우더, 꿀, 물엿을 차례로 넣으며 손 거품기로
   저어준다. 가루재료(박력분, 아몬드가루, 베이킹파우더)를 체에 쳐서 넣어 섞
   는다. 누아젯버터(50도 정도로 유지)를 넣어 매끄러운 반죽이 될 때까지 잘
   섞는다.

4. 짤주머니에 반죽을 넣고 틀의 80~90%를 채운 후, 무화과를 윗면에 올려
   준다. 예열된 오븐에 넣어 10~12분 구워준 다음 틀에서 꺼내 식힘망에 올
   려 식힌다.

엄마를 위한
티라미수 롤케이크
—
Tiramisu Roll Cake

티라미수는 이탈리어로 '나를 끌어올리다'(기분 좋게 하다)는 뜻을 가지고 있는데,
이름처럼 한입 맛보면 기분이 좋아지는 케이크이다.
커피를 넣은 시럽과 모카크림이 들어가서 엄마를 위한 티라미수 롤케이크라고
이름을 붙였는데, 이유 없이 울적하거나 지친 오후에 냉장고에서
한 조각 꺼내어 먹으면 어느새 기분이 나아질 것이다.

티라미수 롤케이크

(23×33cm 베이킹팬 1개용)

Ingredients

[초콜릿 비스퀴]　계란 170g, 설탕 100g, 박력분 22g, 코코아가루 30g, 우유 28g

[커피시럽]　에스프레소 2T, 설탕 2T

[모카크림]　생크림 250g, 설탕 20g, 에스프레소 1T, 깔루아 1T

[티라미수 크림]　마스카포네 치즈 80g, 설탕 20g, 생크림 110g, 럼 1t

How to make

1. **초콜릿 비스퀴** | 오븐을 190도로 예열하고, 베이킹 팬에 종이호일을 깐다. 볼에 계란과 설탕을 넣고 중탕으로 37~40도가 될 때까지 저어준다. 불에서 내려 핸드믹서의 고속으로 아이보리색 거품이 나도록 휘핑해 준 다음 저속으로 기포를 정리해준다. 가루재료(박력분, 코코아가루)를 넣어 주걱으로 섞고, 50도로 데운 우유를 넣고 저어준다.
반죽을 준비한 팬에 부어 윗면을 평평하게 펴 준 다음 팬을 바닥에 내리쳐 기포를 제거하고 예열 된 오븐에 넣어 10분간 굽는다. 비스퀴 옆면의 종이호일을 벗기고 타월을 위에 덮어 식힌다.

2. **커피시럽** | 에스프레소에 설탕을 넣어 섞는다.

3. **모카크림** | 생크림에 설탕을 넣어 휘핑한 다음 에스프레소와 깔루아를 넣어 단단한 거품이 되도록 휘핑한다.

4. **티라미수 크림** | 생크림에 설탕을 넣고 50% 거품을 낸 후 마스카포네 치즈와 럼을 넣어 단단한 거품이 되도록 휘핑해 냉장보관한다.

5. **완성** | 비스퀴의 종이호일을 떼어내고 커피시럽을 전체적으로 바르고 모카크림을 바른 다음 돌돌 말아 냉장고에 2시간 이상 넣어둔다. 롤 케이크 윗면에 티라미수 크림을 스페츄라로 바르고, 코코아가루를 체에 내려 골고루 뿌린 다음 썰어준다.

우리 가족을 위한

딸기 생크림 케이크

Strawberry Cake

베이킹을 시작해서 가장 좋은 점은 가족들의 생일 케이크를
직접 만들어 줄 수 있다는 점인데, 베이커리에서 사는 것보다 훨씬 맛있게
만들 수 있다. 이번 아이 생일에 딸기와 사랑을 듬뿍 넣은 생크림 케이크를
직접 만들어보는 건 어떨까?

딸기 생크림 케이크

(지름 15cm 케이크 1개용)

Ingredients

[제누아즈] 계란 110g, 계란노른자 40g, 꿀 20g, 설탕 68g, 박력분 70g, 옥수수전분 8g, 우유 24g, 버터 22g, 바닐라 익스트랙 1t

[시럽] 물 100g, 설탕 50g

[샹티크림] 생크림 300g, 설탕 30g, 딸기 적당량

How to make

1. 오븐을 180도로 예열하고 원형틀의 옆면과 밑면에 유산지를 깐다.

2. **제누아즈 만들기** | 볼에 계란, 계란노른자, 꿀, 설탕을 넣고 중탕으로 37~40도가 되도록 데운다. 불에서 내려 핸드믹서의 고속으로 아이보리색의 윤기 나는 거품이 나도록 4~5분 휘핑해준 다음 저속으로 2분정도 기포를 정리한다.

3. 가루재료(박력분, 전분)를 체에 내려 넣고, 주걱으로 빠르게 섞는다. 60도로 데운 우유와 버터에 반죽의 일부를 넣어 섞은 다음 다시 반죽에 넣어 전체적으로 잘 섞는다. 바닐라 익스트랙을 넣어 섞는다.

4. 반죽을 준비한 틀에 담고 바닥에 두 번 탕탕 내리친 다음 예열된 오븐에 넣어 25분 정도 구워서 식힌다. 케이크가 식으면 1cm두께로 슬라이스 한다.

5. **시럽 만들기** | 냄비에 물, 설탕을 넣고 중불에서 끓인 후 식힌다.

6. **샹티크림 만들기** | 생크림에 설탕을 넣어 단단한 크림 상태가 되도록 핸드믹서로 휘핑해준다.

7. **케이크 완성** | 슬라이스한 제누아즈에 붓으로 시럽을 전체적으로 바르고, 샹티크림을 균일하게 펴 바른 다음, 딸기 슬라이스를 골고루 올린다. 딸기 위에 다시 샹티크림을 올리고, 슬라이스해 둔 제누아즈 1장을 올리고 시럽, 크림, 딸기, 크림, 제누아즈 순서로 반복한다. 윗면과 옆면에 샹티크림을 올린 후 스페츄라로 매끈하게 펴 바르고 딸기를 올려 완성한다.

메멘토 모리,
해피엔딩을 위하여

메멘토 모리Memento Mori는 '자신의 죽음을 기억하라.' 또는 '너는 반드시 죽는다는 것을 기억하라.'를 뜻하는 라틴어이다. 고대 로마에서는 원정에서 승리하고 개선하는 장군을 향해 행렬 뒤에서 큰소리로 "메멘토 모리!"를 외쳤다고 한다. '승리했다고 우쭐대지 말고 겸손하라. 너도 언젠가는 죽는다.' 이런 깨우침을 되새기는 의미였다는 것이다.

진정으로 행복한 삶은 늘 죽음을 기억하는 데 있다고 한다. 오늘 누리는 이 행복이 내일 지속될지, 내일 우리가 오늘처럼 살아 있을지도 자신할 수 없는 일이다. 살다 보면 이해의 영역을 넘어서는 죽음을 마주할 때가 있다. 나이가 들어서 자연스럽게 맞이하는 죽음도 지켜보는 가족에게는 힘든 일인데, 갑작스러운 사고로 죽음이 닥친 경우에는 더 많은 후회와 아쉬움을 남긴다. 남은 가족과 친구들은 '이럴 줄 알았더라면, 그때 그런 말을 하지 않았을 텐데.'라던가 '같이 있을 때 사랑한다는 말을 더 자주 해주는 건데.' 등 하지 못한 일에 대한 후회와 죄책감에 휩싸이게 된다. 그 일이 일어나기 전과는 전혀 다른 사람이 되기도 한다.

나는 아이가 아침에 학교 갈 때 이마에 뽀뽀해 주며 "사랑해" "끝내주는 하루를 보내고 오렴!"이라고 인사하고 스쿨버스를 태워 보내면서 속으로 메멘토 모리를 중얼거린다. 지금 이 인사가 이 아이와의 마지막 작별 인사가 될 수도 있음을 되새기는 것이다. 별일 없이 다시 집으로 돌아올 것을 알면서도 아쉬움이 남지 않도록 보내고 싶은 것이다. 아침에 출근하는 남편에게 굿바이 키스를 할 때도 마찬가지다. 저녁에 다시 집으로 돌아올 것을 알지만, 무심한 인사 대신 사랑의 인사를 하고 헤어지고 싶은 것이다.

어떤 일이든 일어날 수 있는 게 우리의 삶이다. 그래서 '오늘 나가서 죽을 수도 있겠다.'라며 걱정하는 것이 아니라, 어떤 일이 일어나도 이를 받아들이겠다는 담대한 마음으로 메멘토 모리를 되새긴다. 나에게 주어진 오늘 이 하루를 온 마음을 다해 즐기겠다는 마음가짐을 다져보는 것이다. 누구든 언제든 죽을 수 있는 존재임을 잊지 않음으로써.

우리의 삶을 해피엔딩으로 만들기 위해서, 매 순간 최선을 다해 서로에 대한 사랑을 표현하는 일 외에 더 나은 방법을 나는 아직 모르겠다.

달콤한 하루

초판 1쇄 인쇄 | 2023년 6월 12일
초판 1쇄 발행 | 2023년 6월 26일

지은이 | 석민진
펴낸이 | 이기동   편집주간 | 권기숙
편집기획 | 이민영 임미숙   마케팅 | 유민호 이정호
주소 | 서울특별시 성동구 아차산로 7길 15-1 효정빌딩 4층
이메일 | previewbooks@naver.com
블로그 | http://blog.naver.com/previewbooks

전화 | 02)3409-4210
팩스 | 02)463-8554
등록번호 | 제206-93-29887호

디자인 | 박성진
인쇄 | 상지사 P&B

ISBN 978-89-97201-68-6   03190